文化创意产业集群的演化与发展

THE EVOLUTION AND DEVELOPMENT OF CULTURAL AND CREATIVE INDUSTRY CLUSTER

毛磊 著

江苏大学出版社
JIANGSU UNIVERSITY PRESS
镇江

图书在版编目(CIP)数据

文化创意产业集群的演化与发展/毛磊著. —镇江
：江苏大学出版社，2013.8
ISBN 978-7-81130-554-8

Ⅰ.①文… Ⅱ.①毛… Ⅲ.①文化产业—产业发展—研究 Ⅳ.①G114

中国版本图书馆CIP数据核字(2013)第196022号

文化创意产业集群的演化与发展
WENHUA CHUANGYI CHANYE JIQUN DE YANHUA YU FAZHAN

著　　者/毛　磊
责任编辑/朱汇慧　米小鸽
出版发行/江苏大学出版社
地　　址/江苏省镇江市梦溪园巷30号(邮编：212003)
电　　话/0511-84446464(传真)
网　　址/http://press.ujs.edu.cn
排　　版/镇江文苑制版印刷有限责任公司
印　　刷/丹阳市兴华印刷厂
经　　销/江苏省新华书店
开　　本/890 mm×1 240 mm　1/32
印　　张/7.625
字　　数/216千字
版　　次/2013年8月第1版　2013年8月第1次印刷
书　　号/ISBN-978-7-81130-554-8
定　　价/36.00元

如有印装质量问题请与本社营销部联系(电话：0511-84440882)

目　录

第一章
绪　论

1.1　问题的提出与选题意义

1.1.1　问题的提出

文化创意产业的发展已经成为21世纪全球经济发展所关注的焦点。被称为“世界创意产业之父”的约翰·霍金斯教授在《创意经济》一书中指出：全世界的创意经济每天创造220亿美元的产值，并以5%左右的速度逐年递增，在美国等一些创意产业发达的国家，增速更是达到10%以上，可见文化创意产业正在成为世界经济增长的新引擎，并将引领着世界经济的发展趋势。

作为一个新兴产业，文化创意产业的快速崛起不是一蹴而就的，而是社会经济发展到一定阶段的选择。具体而言，文化创意产业崛起的背景体现为以下几个方面：

首先，随着都市经济的快速发展，较多的大中城市处于工业化社会向后工业化社会的转型阶段，此时城市经济结构不断调整并逐渐从生产中心向服务和创新研发中心转化，土地资源的有限以及商务成本的提高使得低端制造行业无法在原来的城市空间延续而逐步搬迁。这些腾出来的城市空间需要被以现代服务产业为主的新兴产业形态取而代之。这种城市的转型不仅为文化创意产业的萌芽提供了适宜的土壤，同时也为文化创意产业的发展壮大提供了良好的资金及环境条件。①

其次，科学技术的迅猛发展使得文化创意产业获得了强大的、多方位的技术支撑。当前信息技术和针对文化创意等内容产品的新型传输载体不断推陈出新，这对传统艺术形式和表现手段造成了巨大冲击，由此导致了传统文化艺术形态的升级换代速度加快和表现手段更加多样化。同时技术的进步又使得大量崭新的艺术形式得以衍生，从而开拓了新兴的文化创意产业领域。

再者，文化与经济的相互交融，突出地表现为文化直接融入经济发展的全过程。市场机制的发育和延伸，使人文精神在生产领域越来越商品化和产业化，许多生产文化产品的企业不断出现；在商品生产中，各种商品的文化含量以及由此带来的文化附加值越来越影响产品的竞争。文化价值观念的变化正在带来新产品开发、产业结构调整和经济结构方面更加巨大的变化。信息经济、智力经济、知识经济等新的经济形态，正日益被各国所重视。这些新的经济形态，都是以知识、信息等文化资源为基础的，无论是其占有使用、生产配置还是交换消费，都离不开文化要素的参与，因此这样一种经济，应该看做是一种名副其实的文化经济。谁拥有了这种文化优势，谁就会拥有赢得经济竞争优势的最牢固的基础和最根本的力量。

归纳起来，可以说城市经济转型的迫切需求、现代科技发展的有力支撑以及文化与经济融合发展的必然趋势是当前我国文化创意产业勃兴的现实背景。

笔者之所以写作本书，主要是基于以下两方面的现实因素考虑：

第一，系统阐述文化创意产业集群发展的学术文献相对很少。近几年，在我国出现了讨论文化创意产业的大量文献。例如经济地理学家和城市规划研究者主要关注文化创意产业的空间影响问

---

① 厉无畏：《创意改变中国》，新华出版社，2009年。

题以及其对区域发展的贡献。在一些由政府主导的文化创意产业研究中，则更多地侧重于对策研究，主要涉及研究与编制各地文化创意产业发展规划、促进当地文化创意产业发展的对策建议等。而在近些年出版的《文化蓝皮书：中国文化产业发展报告》中更多出现的论题是文化创意产业市场培育问题、文化产业与文化事业的界定和关系问题、文化产业竞争力问题等。通过对这些文献的阅读，笔者发现，当前围绕文化创意产业的集群组织问题专门展开研究的文献并不太多，其中一些则散见于一般性的文化创意产业相关文献中。当前国外学者对文化创意产业集群的研究主要集中在形态、发展趋势和对策方面，而我国学者对文化创意产业集群的研究则处于介绍国外理论和发展经验的阶段，也有一些学者尝试运用一般产业集群的理论接入对文化创意产业的研究，但因缺乏对文化创意产业独特性的理解而显示出生硬的理论照搬的痕迹。当前我国对文化创意产业集群的研究依然缺乏发展机理的分析，理论性不强，对其产业组织的理论分析也非常薄弱。因此，对于符合中国国情和具有中国特色的创意产业区发展理论和实践模式还有待探索。

第二，对文化创意产业集群的理论研究落后于实践。借鉴文化创意产业发达国家的经验建立文化创意产业集群或园区的目的是希望借此搭建公共平台、形成产业集群效应、实现资源共享，进而推动文化创意产业的快速发展。深圳、上海于 2004 年带头建立创意产业基地，随即北京、南京、杭州、苏州、青岛等城市纷纷打造文化创意产业园区，此后“文化创意产业园区热”迅速形成。在政府的强力推动下，当前我国文化创意产业集聚区或园区数量已经初具规模。如 2009 年文化部公布了 135 个国家级文化产业示范基地和 4 家国家级文化产业示范园区；上海市政府也已认定了 75 家创意产业集聚区和首批 15 家文化产业园区；深圳市政府则命名了 23 家文化产业园区和基地；另外还有各种省级和市级文化产业园区和基地。[①] 但从目前我国的发展情况来看，关于我国文化创意产业集群或园区的理论研究远落后于实践，由于没有足够的理论指导，在实践中已经暴露出了以下问题：首先，对集群的理论表述显得较为混乱，我国对园区、集聚区、基地、集群等术语的混合使用表明我国对学术界所称的“集群”概念没有理解清楚。对“集群”概念的理解直接影响到对文化创意产业集群和园区的认识以及相关策略的设计和应用，因而认真厘清和界定文化创意产业集群和园区的概念是开展理论研究的第一步。其次，在当前全国文化创意产业集群和园区发展过程中存在着建设模式雷同的问题。文化创意产业集群的形成和发展路径各不相同，其中地域根植性是一个重要特征，也就是说它的发展模式并不具有普适性，因而当前亟须加强对创意产业集群发展影响因素的理论研究，认真分析创意集群和园区可持续发展的区位特征和条件，以便有针对性地指导各地创意产业集群和园区的建设。再者，在文化创意产业集群和园区建设中忽视关联性作用，仅引导企业进行地理上的集聚。企业的地理集中仅仅是形成集群的前提，而真正的目的在于推动集群内部企业之间的沟通和信息交流，形成创新氛围，引发集群内的知识学习和创新活动。但由于当前我国对文化创意产业集群和园区内部学习和创新机制研究的缺失，目前无法对其进行科学有效的指导。

综上所述，可将文化创意产业集群发展迫切需要解决的问题归纳如下：文化创意产业的内涵是什么？由文化创意产业所构成的集群组织有着哪些不同于传统产业集群的特性？它的生命周期呈现怎样的特征？它的发展类型有哪些？它的发展演化机理是怎样的？发展的动力来源是什么？发展的影响因素又是哪些？该制定何种政策促进其发展？这些问题正是本书试图阐释的。

---

① 李蕾蕾：《文化创意产业集群的概念误区与研究趋势》，《深圳大学学报》，2009年第4期。

1.1.2 选题意义

1.1.2.1 为我国建设文化创意产业集群的实践提供理论支持

建立文化创意产业集群和园区是多数发达国家发展文化创意产业的一般路径，它是文化创意企业结点作业活动空间的集聚体，是政府规划和扶持下文化创意相关基础设施和企业及组织的一种空间集聚形态。它的健康发展需要一定的条件支撑和合理的发展机制。从理论上研究文化创意产业集群发展演化规律，有利于理解文化创意产业集群和园区的发展机理和运作机制，为文化创意产业集群和园区的规划和健康发展提供理论支持。

1.1.2.2 为文化创意产业集群发展提供政策依据

目前国家和地方政府都十分重视文化创意产业的发展，我国在 2009 年 9 月颁布了《文化产业振兴规划》，规划中提出需加快文化产业园区和基地建设，这表明当前我国鼓励文化创意产业走集聚发展之路。但与国外文化创意产业发达的国家相比，当前我国在促进文化创意产业发展的政策方面依然缺乏系统性和科学性。因此，本书从理论上系统研究了文化创意产业集群的发展类型、生命周期、发展机理以及影响因素，帮助决策者在制定政策的过程中更加清楚地了解文化创意产业集群发展的机理和规律，从而形成更加行之有效的政策以促进我国文化创意产业及其集群组织的健康发展。

1.1.2.3 有助于促进文化创意产业发展

产业层次低、企业规模小、空间布局散，是现阶段我国文化创意产业普遍存在的问题。散落在不同地域空间的文化创意企业势单力薄，无法形成共同的战略发展意图，从而使得文化创意企业的市场风险增大且竞争力较弱。集群理论是一种指导地区经济发展和创新的重要政策工具，同时也代表了一种中观层次的产业组织形式。以产业集群的视角系统研究我国文化创意产业发展的生命周期、发展机理以及影响因素等问题，将为提高文化创意企业竞争力提供理论支撑和方法指导。通过构建文化创意产业集群的方式，将各类文化创意企业集中于一定的地域空间，会使该区域内不同文化创意企业之间的信息沟通得以加强，各类企业在产业集群的整合下互补性得以明显增强，从而达到促进我国文化创意产业发展的目的。

1.2 相关文献综述

1.2.1 产业集群：产业组织演进的新范式

1.2.1.1 国外学者关于产业集群理论的研究综述

第一个较系统研究产业集群现象的是经济学家马歇尔(Marshall)。他从新古典经济学的角度，通过研究工业组织表明了企业为追求外部规模经济而产生集聚现象。马歇尔所关注的产业集聚是由中小企业组成的地方产业集群。在他看来，产业发展有两种可能的路径：一种是依靠大企业的产业发展路径；另一种是通过由中小企业组成的地方产业集群来实现产业发展的路径。马歇尔认为知识与技能的传播共享是后一种发展路径相对于其他路径的最大优势。①

经济学家阿尔弗雷德·韦伯(Alfred Weber)从空间聚集效应的角度对产业集群进行研究。韦伯认为，产业聚集分为两个阶段：第一阶段是企业自身的简单规模扩张引起的产业集群，属于初级阶段的产业聚集；第二阶段主要是大企业出现并以日益完善的组织方式运行，同时引发许多同类企业产生，形成明显的地方性聚集效应。韦伯把产业空间聚集的原因归结为技术设备的发展和专业化、劳动力组织的专业化、市场化的发展导致对降低交易成本的需求以及公共基础设施建设与发展的需要。② 简言之，韦伯主要是从

---

① [英]马歇尔:《经济学原理》，彭逸林，等译，商务印书馆，1997年。

② [德]阿尔弗雷德·韦伯:《工业区位论》，李刚剑，等译，商务印书馆，1997年。

产业的空间集聚的成本收益对比的角度来分析产业集群发展的经济性。

克鲁格曼(Krugman)则从报酬递增的角度对产业集群进行研究。① 作为新经济地理学的代表人物,他以传统的收益递增理论为基础,引入地理区位空间因素,分析了空间结构、经济增长和规模经济之间的相互关系,提出了新的空间经济理论。在克鲁格曼设计的工业集聚模型中,假设工业生产具有规模报酬递增的特点,而农业生产规模报酬不变,在规模经济、低交易成本和高制造业投入的合成作用下,工业生产活动的空间格局演化的最终结果将会是集聚。他是首位通过理论模型证明工业活动倾向于空间集聚的经济学家。同时他还认为现实中产业集群的形成是具有路径依赖性的,而且产业空间集聚一旦建立起来,就倾向于自我延续下去。克鲁格曼提出的模型及理论为人为的产业政策扶持提供了理论依据。

迈克尔·波特从产业竞争优势的角度对产业集群进行了研究。② 他在《国家竞争优势》一书中提出了国家竞争优势的"钻石模型"。他认为,一国的竞争力取决于产业创新与升级的能力,竞争优势是通过高度本地化过程而产生并持续发展的。没有一国能在所有部门都获得国际竞争的成功,各国只能在本国有特色的产业中获得国家竞争优势。一国的特色产业之所以能持续创新与升级,主要取决于该国在以下四方面的条件:第一,生产要素条件;第二,需求条件;第三,相关支撑产业;第四,厂商结构、战略与竞争。上述四种条件形成了一个相互制衡的"菱形架构",并且由于地理上的集中,四种因素的相互作用增强,以至最终形成具有竞争力的产业集群。产业集群的出现与产业竞争力有直接的关联。产业集

---

① Krugman P. Increasing returns and economic theory. Journal of Politic Economy,1991,99.

② [美] 迈克尔·波特:《国家竞争优势》,李明轩,等译,华夏出版社,2002 年。

群从以下三个方面影响产业的竞争力：首先是提高集群内部企业的生产率；其次是指明企业创新的方向并提高创新的速率；再次是促进新企业的衍生，从而扩大产业集群的规模。一个国家往往只能在一些具有自身特色的产业上保持竞争优势，这种优势又往往依赖于形成一个庞大的专业性的产业集群，所以波特致力于探求产业的集群形态与产业成长的关系，探求产业集群内在的结构与运行机理。

1.2.1.2 关于产业集群形成机理的研究

克鲁格曼认为产业集群的形成是市场自发行为，集群空间结构的形成具有很大的偶然性，强调历史因素和偶然因素等非市场性因素的影响。① 多林格(Doeringer)和特克拉(Terkla)认为每个集群的地理位置在很大程度上是由历史的偶然事件或吸引企业加入集群的一些稳定的、不可移动的要素产生的成本优势所决定的。② 安索尼从经济发展和地理空间的角度探讨了同专业类型的企业为什么群集、新的产业集群如何逐步形成、脱离集群的企业面临怎样的后果等问题。

我国台湾学者非常注重运用社会关系网络理论解释台湾当地产业集群的形成与发展。陈慧娟认为中小企业之间紧密的产业网络关系和人缘脉络关系是台湾高科技产业集群得以蓬勃发展的重要基础。在她看来，中小企业之间的协作网络关系是建立在网络成员之间彼此承诺与信任之上的，而这种承诺与信任关系则需要依靠企业主之间的社会关系来建立，因此企业主之间的社会关系是维持企业协作网络运行的基本力量，这种社会关系在无形中规范并维持了网络内的运作秩序。

---

① Krugman P. Increasing returns and economic geography. Journal of Politic Economy,1991,99.

② Doeringer P B, Terkla D G. Why do industries cluster. In Staber U H, Schaefer N V, Sharma B. Business networks: prospects for regional development. Walter de Gruyter, 1995.

我国其他一些学者也从不同角度阐释了产业集群的形成机理。王缉慈等认为产业集群一般由市场自发形成，但受地区比较优势等因素的影响，尤其是政府可以通过各种政策措施引导产业集群的发展方向。[①] 魏后凯认为尽管产业集群大都是在市场机制作用下自发形成的，但在引导产业集群合理有序发展、创造一个有利于创新的外部环境方面，政府政策的作用显得尤为重要。[②] 张仁寿从区域经济发展和企业制度变迁的角度对浙江专业化产业集群出现的原因进行了分析。仇保兴以专业化分工和生态学的视角，分析了产业集群的形成机制。[③] 叶建亮认为知识溢出是导致产业集群的重要原因，它决定了集群的规模，当集群内部企业对专用性知识的要求上升时，集群组织就会发生分化。[④] 而符正平从供给、需求以及社会历史条件的角度讨论了产业集群产生的条件，认为网络效应对产业集群的形成起着关键作用，地方公共产品的有效供给是产业集群形成和发展的重要条件。[⑤] 金祥荣等从历史的角度对浙江地区产业集群的起源和演变进行了深入研究，认为产业特定性知识、技术工匠和特质劳动力以及产业氛围是产业集群形成的原因。[⑥] 许庆瑞等则认为产业集群形成的核心条件是全球化的市场和知识导向的区域以及较长的价值链，而完善的机构和良好的社会资本则是形成产业集群的辅助条件。[⑦] 惠宁认为产业集群的形成是专业化分工产生的报酬递增的一种空间表现形式。[⑧]

---

① 王缉慈，童昕：《简论我国地方企业集群的研究意义》，《经济地理》，2001 年第 5 期。

② 魏后凯：《对产业集聚与竞争力的考察》，《经济管理(新管理)》，2003 年第 6 期。

③ 仇保兴：《小企业集群研究》，复旦大学出版社，1999 年。

④ 叶建亮：《知识溢出与企业集群》，《经济科学》，2001 年第 3 期。

⑤ 符正平：《论企业集群的产生条件与形成机制》，《中国工业经济》，2002 年第 10 期。

⑥ 金祥荣，朱希伟：《专业化产业区的起源与演化——一个历史与理论视角的考察》，《经济研究》，2002 年第 8 期。

⑦ 许庆瑞，毛凯军：《试论企业集群形成的条件》，《科研管理》，2003 年第 1 期。

⑧ 惠宁：《分工深化促使产业集群成长的机理研究》，《经济学家》，2006 年第 1 期。

1.2.1.3 关于产业集群技术创新的研究

著名经济学家熊彼特(Schumpeter)首次将产业集聚与技术创新结合起来研究,认为产业集群有助于创新,而创新也有赖于产业集聚。他指出创新不是孤立的实践,并且在时间上不均匀地分布,往往区域集中地发生。① 新熊彼特主义的代表人物弗里曼(Freeman)在研究集群竞争优势过程中发现,集群内部存在着知识溢出效应,促进集群创新网络的发展是集群创新的源泉。② 学者巴普提斯特(Baptist)和斯旺(Swann)指出,技术的可编码化程度越低,相关创新主体的地理集聚就越迫切。他们通过实证调查,发现处于集群内部的企业比外部孤立的企业更能创新;通过对特定产业集群的实证分析,提出集群学习与小企业突破性产品创新之间存在显著的相关关系,即产业集群有助于提升小企业的创新绩效。③ 学者卡斯马纳(Cusmano)依据演化经济学理论,探讨了企业的相关研究能力在技术政策和合作研发方面的作用,他提出把技术作为一种知识,以交互作用作为分析单位,假定合作企业是异质的,具有互补的知识和能力。他认为在企业合作中,技术外部性导致的知识溢出是有成本的,企业对知识溢出的利用取决于自身的吸收能力,而吸收能力与企业自身的知识存量和研发的投入或正相关。④ 布瑞托(Britto)分析了产业集群中企业合作网络的形式和影响网络结构特征的因素,提出了网络竞争力的分析范式。⑤ 斯坦莫(Stamer)重点研究了产业集群内部企业合作的障碍,探讨了如何克服文化因素对合作的不利影响,并提出了通过企业合作来营造

---

① [美]约瑟夫·熊彼特:《经济发展理论》,何畏,等译,商务印书馆,1997年。

② Freeman C. Network of innovators: a synthesis of research issues. Research Policy,1991,27.

③ Baptist R, Swann P. Do firms in clusters innovate more. Research Policy, 1998, 27.

④ 杨春河:《现代物流产业集群形成和演进模式研究》,北京交通大学博士学位论文,2008年。

⑤ 同①。

创新环境，从而提高产业集群的创新能力和竞争优势。[①] 托特林(Todtling)认为“知识的溢出构成了集群创新能力的本质特征”。

我国台湾学者胡太山对高新技术产业集群的创新网络和创新机理作了专门研究。他认为中小企业的创新能力不如大企业，所以唯有借助集群的优势才能获利。众多创新型中小企业聚集在一起，可以强化创新氛围，使群聚的厂商更愿意去共同追求具有风险的创新目标。集群有利于创新的更重要的原因在于知识的外溢。那些非编码的默示性知识转移与外溢的边际成本会随着空间距离的增加而加大。因此，针对环境背景复杂、困难模糊、带有不确定性的创新知识，最佳的转移方式，就是面对面的互动及经常且重复的联系。王缉慈也十分强调产业集群的人际交流网络对创新知识扩散的重要性。她认为许多创新知识来源于领悟和直觉，属于人们的内在智慧，往往只可意会而难以言传。人与人之间通过面对面交流共享这些隐含知识是一个模仿的过程；产业的群聚为隐含知识的扩散提供了条件。[②] 王珺认为，构成簇群的大多数中小企业资本规模小、创新能力弱，这导致传统产业内的中小企业的模仿动机远远超过创新动机。要解决企业簇群创新机制缺乏的问题，只有通过政府出面引入创新源，可能的途径有三条：一是政府重点扶持创新型大企业，将政府引入的创新资源直接投放到簇群中最具有技术开发能力的较大型企业中去，并使其尽快成为企业簇群新技术和经济的生长点；二是由政府主导建立面向所有企业的技术创新与推广的公共机构；三是由政府主导建立股份制或政府全资的技术开发公司，专门经营与开发创新资源。[③]

---

① 杨春河：《现代物流产业集群形成和演进模式研究》，北京交通大学博士学位论文，2008年。

② 王缉慈：《创新的空间——企业集群与区域发展》，北京大学出版社，2001年。

③ 王珺：《企业簇群的创新过程研究》，《管理世界》，2002年第10期。

1.2.1.4 产业集群动态演化方面的研究

对产业集群进行动态演化方面的研究是当前产业集群研究领域的热点话题。演化经济学家凡勃伦1898年在《经济学季刊》上发表了进化论宣言,提出了"经济学为什么还不是一门进化科学"的疑问,用达尔文进化主义思想贯穿全文。该文成为美国制度主义的奠基之作。凡勃伦倡导对经济学进行彻底重构,主张用达尔文主义的进化方法和隐喻替代机械论。[①] 经济学家肯尼斯·博尔丁提出了"种群思考方式",同时博尔丁也是最先强调经济是生态系统的一部分而且依赖于生态系统之中的人。而现代演化经济理论形成的标志是演化经济学家理查德·R·纳尔逊(Richard R. Nelson)和悉尼·G·温特(Sidney G. Winter)于20世纪80年代出版的《经济变迁的演化理论》一书。

20世纪80年代以来国内外一批经济学家指出了一般均衡理论应用于经济研究的局限,认为由于经济系统有多层次、非线性、开放性、不确定性、动态性等诸多特点,应被看做是一个演化复杂系统以拓展原来的一般均衡的论断。纳尔逊和温特的《经济变迁的演化理论》一书首次将生物学的选择理论系统地运用到经济演化中,并对选择过程进行模型化。[②] 美国著名经济学家克鲁格曼在主流经济学的框架内用他的中心—外围模型论述了产业集聚的形成机制,并用计算机模拟的方法得出了集聚维持的稳定性条件或区域,被称为新经济地理学派。克鲁格曼还证明中心—外围模型可能存在着多重均衡,而集聚究竟发生在哪些均衡点,则取决于偶然因素和初始条件。[③]

---

① [英]霍奇逊:《演化与制度——论演化经济学和经济学的演化》,任荣华,等译,中国人民大学出版社,2007年。

② [美]理查德·R·纳尔逊,[美]悉尼·G·温特:《经济变迁的演化理论》,胡世凯译,商务印书馆,1997年。

③ Krugman P. Increasing returns and economic geography. Journal of Political Economy,1991,99.

国内学者盛昭翰和蒋德鹏对复杂社会经济系统例如产业集群等产业组织的演化发展过程运用演化经济学理论中的常用定量分析工具——实验经济学和演化博弈论进行研究，比较直观地展现了复杂系统的动态演化过程。他们运用计算机模拟分析产业集群中企业的战略选择过程，假设决策主体信息的不完全性和有限理性，并假定企业在某一时刻的决策取决于一定范围内其他企业的选择。用一个由 $n \times n$ 个格子组成的可环绕的方阵 $\boldsymbol{\Omega}$ 来描述企业的分布与状态变化情况，并运用计算机模拟 Mathematicas 语言技术分析 $\boldsymbol{\Omega}$ 的变化过程。实验模拟结果表明这种复杂系统的长期演化均衡结果可能是完全合作，也可能是完全竞争，有时甚至是竞争与合作共存，而究竟到达哪一个状态及演化的路径怎样就与"囚徒困境"博弈中的赢利矩阵有关。①

戴卫明等利用模型分析证明，产业集群的形成是由区域因素和集聚效应引起的，此时，就形成了产业集群的雏形。产业集群的雏形一经形成，集群就进入了内部自强化的良性循环过程，即集聚效应吸引更多的相关企业与单位向该集群聚集，而新增的成员又增大了集聚效应。② 郭利平对产业集群成长的自组织进行了演化经济学分析。他区分了产业集群四种知识溢出的模式，认为产业集群是一个自我强化的自组织系统，在其不断演化过程中，选择和搜寻是两个关键的要素，搜寻行为的规律性表现为技术进步的累积。③ 程胜等认为与其他经济组织一样，产业集群也是不断演化的。随着经济发展不断有产业集群产生或消亡，产业集群规模扩大或收缩，产业集群的功能也不断发生变化。他从产业集群的复杂系统特征入手，探讨其演化特性及推动演化的基本动力，并通过

① 盛昭翰，蒋德鹏：《演化经济学》，上海三联书店，2002 年。

② 戴卫明，肖光华：《产业集群的发展轨迹分析》，《湖南科技学院学报》，2005 年第 1 期。

③ 郭利平：《产业集群成长的自组织和演化经济学分析》，《企业经济》，2007 年第 6 期。

构建产业集群演化的Logistic模型，重点分析产业集群演化的稳定性及其产生混沌的条件，从而揭示产业集群演化的基本规律。①

1.2.1.5 对产业集群演化生命周期的研究

与产品和企业具有产生、发展、衰落的生命周期过程一样，集群也具有自身的成长周期性，即集群生命周期(Cluster Life Cycle)。目前国内外学者对产业集群演化及其生命周期的研究已经取得了一些成果。蒂奇(G. Tichy)借鉴弗农(Vernon)的产品生命周期理论，将集群的生命周期划分成诞生期、成长期、成熟期和衰退期四个阶段。每个阶段的特征如下：① 诞生阶段：产品和生产过程还未实现标准化，企业聚集在一起进行产品生产，集群内企业基于信息网络、分工协作以及资源共享所产生的外部性经济获得竞争优势。② 成长阶段：集群发展迅速，增长率高，但也可能使得集群没有动力去创新，而往往只集中资源于最畅销的产品，并日益扩大生产规模。③ 成熟阶段：生产过程和产品走向标准化，企业追求大规模生产，本地同类产品企业竞争加剧、利润下降。这个阶段，企业可能更注重成本控制，对专业技能及知识的学习和转化减少，产品技术含量降低并且出现雷同现象，存在“过度竞争”的威胁。④ 衰退阶段：集群中企业大量退出，只有少量新企业进入。② 玛斯凯尔(Maskell)和凯博(Kebir)则使用专门术语“存在”、“扩充”和“枯竭”来描述具体的集群生命周期阶段，他们在文章中阐述了集群生命周期的概念，并对生命周期各阶段演化的驱动力进行了阐释。③ 理查德·庞德(Richard Pouder)和卡隆·H·约翰(Caron H. John)使用断续性均衡的模型，把产业集群的演进阶段分为产生

① 程胜，张俊飚：《产业集群动态演化过程的稳态和混沌分析》，《学术月刊》，2007年第10期。

② 解学梅，隋映辉：《科技产业集群持续创新的周期演化机理研究》，《科研管理》，2008年第1期。

③ Bergman E M. Cluster life-cycles: an emerging synthesis. Published online by epub. 2007. http://epub. wu-wien. ac. at.

阶段、收敛阶段、重新调整阶段。①

国内学者池仁勇等以浙江为例，将企业出生率、成长率和死亡率、集群网络联结度和集群产业配套度作为产业集群发展阶段的判断指标，划分产业集群为孕育、快速成长、成熟、衰退四个阶段，并对各个阶段的期限影响因素作了分析。② 魏守华根据集群竞争力和竞争优势动力机制的差异将其分为发生、发展和成熟三个阶段，并对每个阶段的相应特征进行了比较分析，进而提出了集群动态划分的依据。③ 而盖文启则根据区域创新网络演进过程将集群演进划分为网络形成阶段、网络成长和巩固阶段、网络逐渐根植的高级阶段。④

陶永宏等对产业集群的生命周期进行了界定，认为产业集群必然存在的发展演变过程就是产业集群的生命周期，其受政策变化、产业发展和产业转移、技术和社会进步、区域环境、资源条件、市场竞争等多因素的影响。产业集群的生命周期以集群内企业和机构的数量及质量为标志，以集群的萌芽期、显现期、稳定期、衰退期的全过程为具体表现形式。⑤ 陶永宏等还进一步指出产业集群是以若干个相关联的企业为主体的，但是相对于单个企业的生命周期而言，产业集群的生命周期更长，且不是单个企业生命周期的简单累加。产业集群本身是一个系统，其生命周期不是由单一因素决定的，而是系统内各组成因素(子系统)和系统外各种影响因素共同作用的结果，该系统在不同生命时期会有不同的特征表现以及存在不同的主要问题。

---

① Pouder R, ST, John C H. Hot spots and blind spots: geographical clusters of firms and innovation. Academy of Management Review, 1996, 21(4).

② 池仁勇，等:《产业集群发展阶段理论研究》,《软科学》,2005 年第 5 期。

③ 魏守华:《产业集群的动态研究以及实证分析》,《世界地理研究》,2002 年第 3 期。

④ 盖文启:《创新网络:区域经济发展新思维》,北京大学出版社,2002 年,第 37－40 页。

⑤ 陶永宏，冯俊文，陈军:《产业集群生命周期的定性描述研究》,《集团经济研究》,2005 年第 10 期。

1.2.2 文化创意产业集群发展的探讨

1.2.2.1 文化创意产业集群理论的相关研究

最早的创意产业集群可追溯到19世纪与20世纪之交波西米亚的巴黎艺术社区(Mommaas H.),这种城市语境的创意集群在当代城市又常被称为文化园区(Cultural Quarter/ District),主要包括生产型文化园区(强调产出)和消费型文化园区(如独特的商业性文化艺术空间),是既有着本土特色又与世界广泛联系的多元文化城市空间。①

20世纪中后期不少因工业而发达的世界著名城市进行着经济发展模式的重大转型,在这一过程中一些城市的旧城老区由于投资缺乏而渐趋衰败,如何重振这些地区的经济活力、实现该区域的持续发展就成为当地政府关注的焦点。随着一些艺术家进入这些被称为"不适宜居住的地方"的老城区,他们所拥有的创意思维为这些地区注入了新的美学和艺术价值,结果带来了这些边缘地区的经济复兴。该复兴的一个重要形式就是创意产业集群(创意产业区)的崛起。

英国创意集群网站②对文化创意产业集群的定义为:包含了非营利性企业、文化机构、艺术汇集点、独立艺术家,临近科学园和媒体中心;既是工作也是生活的地方,既生产也消费文化产品,既为工作又为娱乐而日夜经营;是一既有本土特色又与世界广泛联系的多元文化城市地区。学者普拉特(Pratt)认为应从文化创意产业生产关联性而不是集聚地点去理解集群,提出可使用文化产业生产体系的概念替代文化创意产业集群概念,还认为集群边界不再重要,边界应由文化创意企业生产和交易的空间尺度范围而定。③

① Mommaas H. Cultural creative cluster perspectives:European experiences. Paper presented to the cultural creative spaces conference. Beijing,19 to 21 October,2006.

② http://www.creativeclusters.com.

③ Pratt A. Creative clusters:towards the governance of the creative industries production system? Media International Australia:Culture and Policy,2004,112.

学者沃斯曼(Vossman)认为随着许多城市将艺术作为当地不断衰退产业基础的替代,文化创意集聚区数十年来受到特别的关注。研究文化创意集聚区的学者通常将文化艺术作为消费——将文化与别的服务产业联系在一起作为对外地居民的一种吸引。① 学者艾伦·斯科特(Allen Scott)教授认为文化创意产业在大城市集聚的现象在今后会得以延续,但小城市和地区同样能使用现代技术产生出与大城市的文化创意企业相配合的卫星式微型创意组织而获得发展。因而斯科特认为文化经济时代开始强调文化产业集群的建设,而文化产业集群的打造已经成为所谓第二代文化经济政策的标志之一。② 庞雷恩(Pumhiran)认为创意群落是创意产业发展的空间表达,为创意产业提供了公共设施、部门认同感、创新灵感、工作和销售机会。③ 而凯夫斯(Caves)论述了艺术中心的凝聚力在于集聚而节约了经销商和顾客的成本,其中,艺术品差异大的特性可以抵消集聚带来的不利因素。④

学者马克·J·斯滕(Mark J. Stern)和苏珊·C·赛福特(Susan C. Seifert)认为文化艺术能使城市经济复兴,主要是靠艺术使得当地社区居民参与其中并使该地区富有活力,而不是靠光鲜的外表来掩盖其破落凋敝的现状。在通过对宾夕法尼亚大学社会政策和实践学院所承担的《艺术方案的社会影响》(SIAP)研究项目长达15年的跟踪研究发现,城市社区通常是包括非赢利艺术组织、商业化的文化企业、居住地的艺术家和其他文化参与者在内的文化资源的集聚地区,这实质就是一种文化创意产业集群。文化

---

① Vossman L. How many artists does it take to build a downtown? Long Beach looks to its arts district for help. Planning 68 (6, June),2002.

② Power D,Scott A. Cultural industries and the production of culture. Roultledge, 2004:3-15.

③ Pumhiran N. Reflection on the disposition of creative millieu and its implications for cultural clustering strategies,41st ISoCaRP Congress.

④ Caves R. Creative industries:contracts between art and commerce. Harvard University Press,2002.

创意产业集群具有植根于本地的显著特征，例如当地居民有着相当高的参与程度，同时随着集群发展，当地还伴有人口增加、住房升值和贫困比例降低等经济增长现象。①

关于文化创意产业集聚方面的国外文献更多地集中在对那些人为规划并构建的文化创意集聚园区上，而对由当地居民、艺术家、文化工作者和企业家等群体的活动所构成的文化创意产业集群的研究关注程度尚显不足。有学者认为两者差异体现在集群更为注重文化创意产品的生产，集群中的文化创作人员群体能加强相互间的信息交流并能获得更多的专业化服务和专门知识。而文化创意产业集聚区通常更为关注以消费为导向的娱乐目标的实现，并以其作为刺激当地旅游和餐饮服务产业发展的手段。而对文化创意产业集群的关注能回应创意经济拥护者提出的批评，即不断提升的市民和消费者之间的矛盾。与向旅行者推销城市不同的是，文化创意产业集群的规划将从该地区的市民如何能从文化创意经济中获益开始，通过建立对新参与方式的认可，构筑了市民参与和经济消费的桥梁，文化创意产业集群验证了一条过去时代“以本地市民为消费者”重现的路径。②

1.2.2.2 关于文化创意产业集群形成的研究

里拉奇·纳琼(Lilach Nachum)和戴维·凯伯(David Keeble)分析了伦敦的文化产业集群，也分析了跨国公司子公司与本土公司在伦敦文化产业集群中的异同表现，包括跨国公司子公司与本土公司进入集群的原因的异同、对集群的根植性等。同时他们对伦敦中心区的媒体集群进行了较为深入的研究，发现了地方化集

① Stern M J, Seifert S C. Cultural clusters: the implications of cultural assets agglomeration for neighborhood revitalization. Journal of Planning Education and Research, 2010, 29(3).

② Cohen L. A consumers' republic: the politics of mass consumption in postwar America. Knopf, 2003.

群学习过程作为媒体集群创新力和活力主要源泉的有力证据。① 嘎尼娜·高瑙斯塔娃(Galina Gornostaeva)和保罗·切希尔(Paul Cheshire)认为文化产业公司间的地理接近是受外部经济的驱动的;而一旦集群成立,则会产生积累效应,从而会吸引更多公司进入。巴斯特(Bassett)等详细描述了布里斯托尔的文化产业的发展现状以及集群形成和发展的过程,分析了集群内公司的交互关系和外部环境对集群发展的影响,并判断了布里斯托尔文化产业集群的类型。② Pim den Hertog 和 Erik Brouwer 对荷兰的多媒体集群基本特征、集群动力机制和创新体系以及绩效进行了分析。

一些学者对影响文化创意产业集群形成的重要因素进行了研究。蒙哥马利(Montgomery J)一直试图鉴别出文化集聚区获得成功的环境影响因素。③ 而伊文斯(Evans)认为文化园区要想获得成功,需使文化消费和生产融为一体。④ 斯科特对美国洛杉矶的设计产业集群进行了深入调查研究,发现集群中这些挨得很近的同类企业能共享资源和接近供应商。他认为这种工艺、设计和文化产品集群的出现有三个原因:首先,集群化通常是有效率的,那些设计工作室和机构更愿意在靠着剧院的地方落户,因为这种近距离能使每个企业生活很方便;其次,集群化有助于创新,生产者网络可被看做结构化的一整套生产经营活动和潜在的机会,因为他们比别人更容易获取必备的知识和能力;最后,由竞争者构成的集群

---

① Nachum L, Keeble D. Neo-marshallian nodes, global networks and firm competitiveness: the media cluster of central London. ESRC Center For Business Research, University of Cambridge, Working Paper, No. 138.

② Keith B, Griffiths R, Smith I. Cultural industries, cultural clusters and the city: the example of the natural history film-making in Bristol. 2002, Geoforum 33.

③ Montgomery J. Cultural quarters as mechanisms for urban regeneration. Part II: a review of four cultural quarters in the UK, Ireland and Australia. Planning, Practice & Research, 2004, 19(1).

④ Evans G. Measure for measure: evaluating the evidence of culture's contribution to regeneration. Urban Studies, 2005, 42(516).

能更注重不同生产方式的成本和收益。为了能在集群中生存和提升效率，生产企业需要不断把握、调整竞争和合作之间的平衡。因此斯科特认为集群化是那些既想提高所生产作品质量又想从产品中更好地获益的文化产品生产者的主要特征。①

1.2.2.3 文化创意产业集群网络化的相关研究

文化创意产业集群的网络化问题近些年来为许多学者所关注。阿明(Amin)和科恩迪特(Cohendet)认为其反映了文化创意产业集群内中小企业网络自组织的新形式，并认为它是对全球性大公司内部网络组织结构的复制。葛拉博(Grabher)将文化创意产业的网络组织方式分为两种：一种是全球范围内网络结构，另一种是区域范围内网络结构。这两种网络结构作为自我调节系统，不仅能实现网络节点间的相互学习，而且还能提高面向未来的适应能力。② 葛拉博还认为，就项目协作而言往往是短期关系，在这种意义上网络并不必然是关于个人的信任关系，即使因协作项目结束而造成短期关系解除，这种潜在网络关系在需要时也能随时被重新激活。他认为这些项目不是被个别参与者记住而是被协作网络本身所记住并深深地植根于当地。③

斯科特教授认为创意产业集群是根植于地方生产者网络，并在全球范围内形成创意产业集群生产网络，这种网络具有特殊竞争优势。④ 普拉特则从创意产业集群形成和发展条件与辅助机构来探讨创意产业集群构成的外部网络组织，认为创意产业集群发

---

① Scott A. The craft, fashion, and cultural-products industries of Los Angeles: competitive dynamics and policy dilemmas in a multi-sectoral image-producing complex. Annals of the Association of American Geographers, 1996,86(2).

② Grabher G. Cool projects, boring institutes: temporary collaboration in social context. Regional Studies, 2002, 36(3).

③ Grabher G. Temporary architectures of learning: knowledge governance in project ecologies. Organizational Studies, 2004, 25(9).

④ Scott A. The cultural economy of cities. International Journal of Urban and Regional Research, 1997, 21.

展的辅助机构为其形成和发展提供支持和配套设施，如教育和培训、专门商业服务、研究机构等。① 凯夫斯认为创意生产网络的集聚和发展最终带来的是创意群落的成本优势、集体效率和创新优势等，而这些构成了创意产业集群形成和发展的动力因素。

学者李·弗莱明(Lee Fleming)认为地理位置的临近在知识的合作生产中扮演着重要角色，合作的程度随着空间距离的加大而快速降低。对其所作的解释是，虽然现代通信技术能缩短空间距离，实现信息的即时交流，但在解决复杂的问题时，面对面的交流则显得十分重要。在研发过程中，组织之间协作的成功部分依赖于所存在的正式合同契约，也部分依赖于面对面的联络，还部分依赖于人才之间的互相交流。只有当参与者在地理上相互临近且在同一种制度环境下时，这些合作研发活动才很容易形成。同时他还运用复杂性理论分析了创意集群内研发网络的动态演化并认为其对创新和经济增长作出了重要贡献。②

莫劳奇(Molotch)等学者从创意产业集群的网络环境组成来探讨创意情境的问题，认为内城对创意产业区发展有特别的网络环境吸引力，并认为内城创意产业群落集聚的动力来自于内城区独一无二的环境所产生的丰富、复杂和相互依赖的网络特性。③

在社会网络研究方面，有学者从社会网络和社会资本的角度来探讨创意产业区的"软"环境构成。国外学者布朗(Brown)等对音乐文化产业区的"软"网络进行了研究，认为"景观"、"情境"和

---

① Pratt A. Creative clusters: towards the governance of the creative industries production system? Media International Australia: Culture and Policy, 2004, 112.

② Fleming L, Marx M. Managing creativity in small worlds. California Management Review, 2006.

③ Molotch H. LA as desigh product: how art works in a regional economy. In Scott A J, Saja E. The city: Los Angeles and urban theory at the end of the twentieth century. University of California Press, 1996: 225 - 275.

“发生地方”等软网络的形成促使知识和信息的交换而形成社会网络。[①] 沃考特(Walcott)等认为在创意产业集群中企业家精神和企业家文化更有可能发生。[②]

1.2.2.4 与文化创意产业集群相关的其他研究

(1) 关于创意场域和创意情境的研究

斯科特把产业集群内促进学习和创新效应的结构称为“创意场域”,他认为创意场域一般由基础设施和地方学校、大学、研究机构、设计中心等社会间接资本组成,是任何生产和工作的集聚结构中的文化、惯例和制度的一种表达。[③] 斯科特认为这里所特指的创意场域实质是由一系列产业活动和相关社会现象构成的有地理空间差异的一系列的网,而这一系列网之间的关系又促进了企业家收益和创新的产出。理论上创意场域通常包括创新情境、学习型区域、区域创新系统等多个层面。[④] 学者兰德瑞(Landry)在论述创意城市时,专题论述了创意情境。他认为创意情境就是在“软”设施、“硬”设施方面提供必要的先期条件,以利于激发思想流和发明流。“硬”设施包括研究机构、教育设施、文化设施、会议场所以及提供交通等各种服务。“软”设施是一种激发和鼓励个体与组织机构进行思想流的系统,这个系统由协会组织、社会网络、人际交往等构成,包括俱乐部、正规会议、非正式协会、行业俱乐部或市场银行团、市场公会、风险投资等。[⑤]

---

① Brown A, O'Connor J, Cohen S. Local music policies within a global music industry: cultural quarters in Manchester and Sheffield. Geoforum, 2000, 31.

② Walcott S. Analyzing an innovatives environment: San Diego as a Bioscience Beachhead. Economy Development Quarterly, 2002, 16(2).

③ Scott A:《创意城市:概念问题和政策审视》,汤茂林译,《现代城市研究》,2007年第2期。

④ Scott A. Enterpreneurship, innovation and industrial development: geography and the creative field revisited. Small Business Economics, 2006, 26.

⑤ Charles L. The creative: city. Earthscan Publication Ltd, 2000.

（2）关于创意阶层的研究

关于创意集聚主体的研究同样也是国外学者关注的重点。学者祖金(Zukin)认为创意人员的重要性在于其是文化创意产业集群成长的核心元素。因为艺术家创意地带是由艺术家、手工艺者、设计者、音乐人和各种文化生产者集聚而构成的，其进一步形成了城市先锋，城市先锋集聚又成长为创意群体。①

而学者理查德·弗罗里达(Richard Florida)则被认为是研究创意阶层群体的代表性学者。他认为创意阶层是城市发展和创意产业园区形成和发展的根本动力，21 世纪“创意群体”已成长为一个阶层，即创意阶层。其著作《创意阶层的兴起》的核心思想是“城市发展的核心动力是创意阶层的兴起。因此，如何营造适合创意阶层生活和工作的环境以吸引其入驻成为城市发展的重要目标”。同时他还认为，创意阶层是“另类的”且具有“波希米亚人”风格，他们趋向于技术、人才和社会宽容指数高的地区，即城市环境是开放的、多样化的、有活力的地区。这类地方通常是“文化思想相互碰撞、外来者迅速成为内部人的地方”。②

而学者派克(Peck)则将弗罗里达的创意阶层思想描述为“新”新经济，即高度创意人群经济，是区别于以高技术产业为核心的新经济的概念。他认为，在弗罗里达之前的理论指出技术和组织是城市发展的主要驱动力，而弗罗里达提出城市发展的主要驱动力是人的力量，尤其是创意人才。③

学者斯科特则从创意阶层对城市发展的影响以及生存条件出发展开讨论。他认为创意阶层的存在极为明显地表现出一种对城

① Zukin S. Loft living：culture and capital in urban change. Rutgers University press，1989.

② Florida R. The rise of the creative class：and how it’s transforming working，leisure，community and everyday Life. Basic Books，2002.

③ Peck J. Struggling with the creative class. International Journal of Urban and Regional Research，2005，19(4).

市发展的特定影响，这表现在就业结构、文化生活和物质外表诸方面。因此，这些地方的就业应由新经济的高端部分主导，比如博物馆、艺术画廊、音乐厅等文化设施丰富的地方。他认为，如果地方劳动力市场和经济发展不充分，单靠环境的设置是不能吸引和留住创意人员的。①

(3) 关于创意城市的研究

国外不少学者由对文化创意产业的关注延伸到对创意城市的探讨之中，对此也进行了认真的思考和研究。学者豪(Hall)阐述了城市和"新事物"之间持久的动力关系，即创造力的发生依赖于某个地方的某一群人，而城市成为了创意的地方。各种各样的人在城市聚集、交流，不断创造着"新事物"。不同文化的交流融合和不同思想的碰撞激荡为产生创意提供了不竭的源泉。在21世纪，真正的创意城市是多方面领先的并建立在艺术和技术的创意融合基础之上的。因此，有创新特质的城市往往"处于经济和社会的变迁中，大量的新事物不断涌入、融合并形成一种新的社会"且"时间和机遇对城市来说十分重要"。他认为"创意城市永远是不舒服、不稳定的城市。由此，高度创意城市往往是那些旧秩序受到挑战或被推翻的地方"。② 学者兰德瑞(Landry)是首位系统论述创意城市内涵的学者，他发现成功的城市有些共同点，即有远见的个人、创新组织和有明晰目标的政治文化。他认为新世纪城市发展问题不能靠老办法解决，而需要释放创新力，并认为创意是城市发展的血脉。③ 兰德瑞认为城市一般遵循着一条已决定了的但不完全确定的路径发展，但对文化的关注可以使城市抛开已有发展轨迹的束缚。④ 他归纳了7组对创意城市发展产生影响的因素，这些因素

① Scott A. On Hollywood: the place, the industry. Princeton University Press, 2005.

② Hall P. Creative cities and economic development. Urban Studies, 2000, 37(4).

③ Landry C. The creative city. Earthscan Publications Ltd, 2000: 132.

④ Landry C. The art of city making. Earthscan Publications Ltd, 2006.

是创意得以根植于城市的先决条件。①

学者格瑞勒(Gertler)认为创意城市可增加地方经济动力并提高生活质量,主要是通过创造力、竞争力、凝聚力之间的相互关系来提高城市经济活力;创意城市的成功和保持创造力是城市经济的驱动竞争力。② 而学者斯科特则认为创意城市应放在新经济条件和全球化背景下讨论,创意城市的影响因素是生产者网络、地方劳动力市场和创意场域三个方面。③

在创意产业集群的区位选择方面,学者莫劳奇(Molotch)认为在特定文化起源的城市区位更容易形成具有当地特色的文化创意产业区。学者米切尔(Mitchell)认为城市需要正确的区位吸引因子来保持创新,特别是愉快而积极向上的地方环境、高质量的教育和医疗服务、大量灵活的交通设施和公共服务供给等,这些因子为经济活动提供了快速重新布局的可能。④ 学者哈顿(Hutton)对创意产业区的区位研究较多且较详细,他认为以设计和创意服务部门为主的创意产业区趋向于大都市的内城和边缘地区,这些被称为都市的"新生产空间"。⑤ 学者卡纳(Connor)认为城市中特定地区对创意产业特别有吸引力,这可以高密度空间集聚的艺术园区加以说明。

1.2.2.5 国内学者关于创意产业集群的研究现状

当前国内学者也从不同角度对文化创意产业集群做了一些研究。例如陈倩倩和王缉慈从探讨发达国家文化创意产业的概念出发,探讨我国文化创意产业发展的背景和条件,讨论了文化创意产

① Landry C. The creative city. Earthscan Publications Ltd,2000:132.

② Gertler M. Creative cities:what are they for,how do they work,and how do we build them? Canadian Policy Research Networks(CPRN),2004.

③ Scott A:《创意城市:概念问题和政策审视》,汤茂林译,《现代城市研究》,2007年第2期。

④ Mitchell W. E-Topia. MIT Press,1999.

⑤ Hutton T. Reconstructed production landscapes in the postmodern city:applied design and creative services in the metropolitan core. Urban Geography,2000,21(4).

业集群在城市中形成和发展的问题。她们认为文化创意产业在城市发展的条件是：① 人的创造力以及激发人的创造潜能的各种社会因素，尤其是宽容的社会环境；② 足够的技术基础、艺术创造力和企业家能力；③ 效率基础结构和文化创意基础结构。[①]

陈倩倩、王缉慈在《论创意产业及其集群的发展环境》一文中指出，创意产业集群具备一般产业集群的特点，即集群内的企业和个人高度集聚，企业间存在密切的联系，形成本地生产网络，通过合作与交流促进创新。它为创意产业发展提供了良好的载体，提供了独特的发展环境。创意产业集群是有创造力的人的集聚，因此人对其所处环境的要求是创意产业集群发展的关键。尽管创意工作者们不希望政府太多干涉其文化活动，但仍然希望政府能为其营造良好的无障碍的外部发展环境。创意产业需要的是宽松的人文环境而非单纯的商业环境。该文以瑞典斯德哥尔摩的音乐产业集群为例，阐述了创意产业集群的发展必须具备的主要条件为良好的产业发展环境、紧密的企业合作网络、强大的销售系统和消费市场以及有效的知识产权保护系统[②]。

李蕾蕾、彭素英在《文化与创意产业集群的研究谱系和前沿：走向文化生态隐喻》一文中指出，文化创意产业集群的概念来自于一般产业集群（Industrial Cluster）和商业集群（Business Cluster）的概念，从表象看意味着类似企业和机构汇聚在特定地理空间中，但本质上这种空间汇聚还隐含着相互之间的各种关联。她们认为文化经济领域的创新主要不是发明创造，而是原有基础上的再创造，不仅依赖于个体努力和天赋，也需要团队合作；临近的地理位置有利于面对面的非正式交流，形成的默会知识、实践知识和创意

---

① 陈倩倩，王缉慈：《论创意产业及其集群的发展环境——以音乐产业为例》，《地域研究与开发》，2005 年第 5 期。

② 同①。

场域都促进了本土创意集群的发展和创新。①

刘丽、张焕波则运用产业集群理论开展分析，认为创意产业集群具有多样性和变化性；主张集群的形成不同于传统的现有企业的聚集，不是人才被企业吸引，而是人才的聚集吸引企业的聚集。② 花建研究了城市文化产业集聚，提出了设立聚集区促进产业发展的建议。③ 厉无畏认为，要在构建文化生态，缔造全景产业链、激发消费欲望，培养新型产业群、把产业融入城市发展，提升区域竞争力上下工夫，让城市与产业共同走上良性发展的轨道。④ 陈祝平、黄艳麟从规模经济、节约交易成本、竞争、知识溢出几个方面分析了创意产业集群的成因，把创意产业集群分为自下而上的原发型和自上而下的园区型两种类型。⑤ 王伟年和张平宇在借鉴国外创意产业发展和城市再生理论研究的基础上，认为创意产业园区是城市再生的新模式，能起到提供城市竞争力、增加城市就业、延续城市文脉和塑造城市景观特色等作用。⑥ 熊凌在论述香港创意产业的发展及经验时，认为创意产业区的消费中注入了情感、艺术和知识等非经济因素，因而较大程度上受当地经济发展的制约，弹性相当大，因此，完善基础产业发展是创意产业集群发展的根基。⑦

---

① 李蕾蕾，彭素英：《文化与创意产业集群的研究谱系和前沿：走向文化生态隐喻》，《人文地理》，2008 年第 2 期。

② 刘丽，张焕波：《北京文化创意产业集群发展问题研究》，《中国农业大学学报（社会科学版）》，2006 年第 3 期。

③ 花建：《产业丛与知识源——论文化创意产业集聚区的内在规律和发展动力》，《上海财经大学学报》，2007 年第 4 期。

④ 厉无畏：《创意产业导论》，学林出版社，2006 年。

⑤ 陈祝平，黄艳麟：《创意产业积聚区的形成机理》，《国际商务研究》，2006 年第 4 期。

⑥ 王伟年，张平宇：《城市文化产业园区建设的区域因素分析》，《人文地理》，2006 年第 1 期。

⑦ 熊凌：《香港创意产业的发展及经验》，《发展研究》，2004 年第 3 期。

1.2.3 文献综述小结

从上述国内外关于文化创意产业及其集群研究的文献中可以看出，当前文化创意产业集群研究虽取得了一定进展，但文献数量依然较少，没有形成完整的研究框架和体系。当前这方面的研究更多地集中在介绍国外理论和发展经验的层面。这些研究没有明确提出和界定文化创意产业集群的概念和特征，更少见有文献对文化创意产业集群的生成发展过程进行演化动态的分析与研究，揭示它的深层演化机理和衍生规律。在研究方法和结果上，基本处于定性和宏观问题对策性研究层次，缺乏基础理论和模型研究，同时对文化创意产业集群影响因素实证研究的文献资料也不多见。导致现有研究出现上述局限的主要原因是，现有研究的理论分析框架与研究对象不相匹配。国内外研究者迄今为止所采用的是一种线性和静态的分析方法，对类似于生物群落的复杂集群系统的发展过程则鲜有涉及。

1.3 研究的思路、内容与方法

1.3.1 研究的总体思路

本书综合运用区域经济学、产业经济学、空间经济学、文化经济学、演化经济学等相关理论，以多元统计分析中的因子分析法、演化博弈分析法以及种群相互作用的 Kolmogorov 模型等量化分析和数模研究工具为手段，以国内外学者现有的研究成果为基础，沿着“文化创意产业集群及发展的基础理论→文化创意产业集群类型与生命周期分析→文化创意产业集群发展机理→文化创意产业集群发展的影响因素分析→文化创意产业集群发展及影响因素的实证分析→促进文化创意产业集群发展的政策建议”这样的脉络展开。本书对文化创意产业集群的发展进行了全面系统的研究，进而提出了有针对性的政策建议。

本书研究框架如图 1.1 所示。

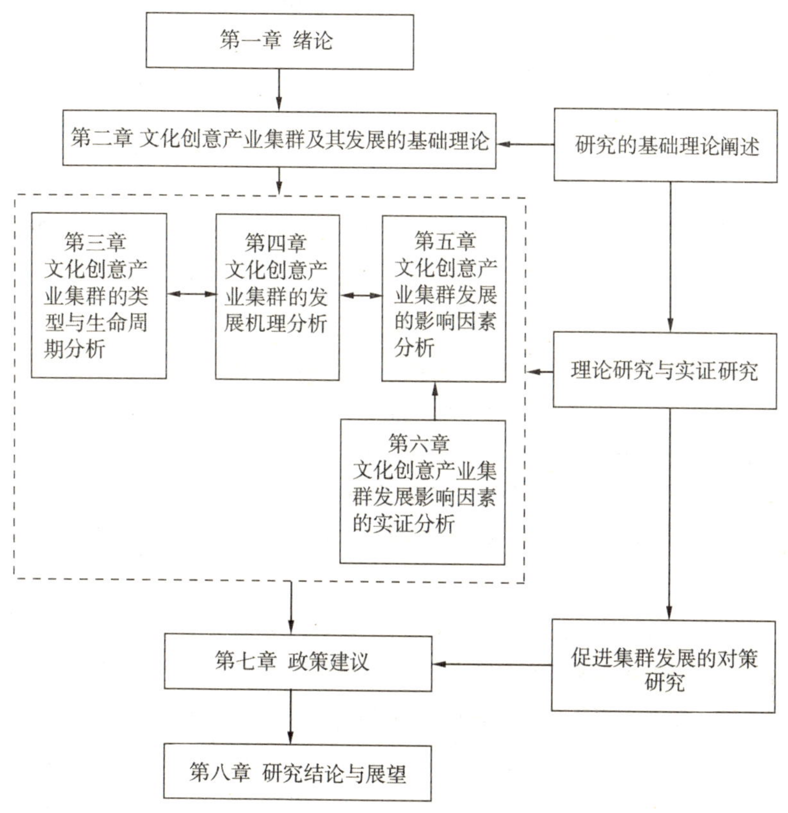

图 1.1 本书研究框架

1.3.2 研究内容

本书的研究内容共分为 8 章：

第一章为绪论。着重阐述研究文化创意产业集群的背景和意义，对产业集群及文化创意产业集群的相关国内外研究文献进行综述，并介绍了本书的总体研究思路、主要研究内容和研究方法以及本书的主要创新之处。

第二章介绍文化创意产业集群及其发展的基础理论。围绕文化创意产业，对与其相关的概念分别进行阐释和界定，分析了文化创意产业的特征，阐述了当前国内外对文化创意产业的主要分类模式。同时对文化创意产业集群的相关概念进行阐释，着重分析其内涵、特征等问题，同时简述了生命周期理论和复杂系统的自组织理论。

第三章对文化创意产业集群的类型和生命周期进行分析。该章阐述了国外文化创意产业集群类型，即政府主导导向型创意产业集群、市场需求自发型文化创意产业集群以及自发与政府导向协同型文化创意产业集群，对每一种类型则列举相关案例进行分析。其后运用生命周期理论，详述了文化创意产业集群的形成、成长、成熟和衰退四个阶段及其特征。在此基础上为了揭示企业间在集群生命周期各阶段竞争与合作的稳定性，引入 Logistic 模型对其进行分析，并运用种群相互作用的 Kolmogorov 模型分析稳定共生的条件。在集群形成阶段和集群衰退阶段的稳定性分析中使用集群企业的相互竞争模型，而在集群成长和成熟阶段的稳定性分析中则采用集群企业的相互依存模型。

第四章对文化创意产业集群的发展机理进行分析。该章将文化创意产业集群作为复杂系统，阐述其发展机理。阐释了文化创意产业集群所具有的自组织和涌现性特征，并进一步分析了集群自组织的类型和演化机理。在此基础上，该章将文化创意产业集群自组织演化的动力来源归纳为群内企业创新竞合机制、群内企业集体学习机制以及集群组织与外部环境协同演化机制三个方面。在阐述企业创新竞合机制中运用演化博弈分析方法，构建了文化创意产业集群内企业创新战略竞合选择过程的演化博弈模型，并对策略的选择进行了演化动态稳定性分析。该章将集群集体学习的自组织过程概括为知识溢出、知识转化与创造两个阶段的知识学习过程，对其加以阐述。

第五章将文化创意产业集群发展的影响因素归纳为制度政策因素、社会文化因素、市场因素、企业创新因素以及企业网络环境因素 5 个维度并以此构建了影响因素量表的假设模型。对我国京、沪、粤三省市文化创意产业集群发展案例进行分析，并在此基础上归纳出三省市文化创意产业集群发展的影响因素。

第六章对文化创意产业集群发展影响因素进行实证分析。该章以上海张江文化科技创意产业基地和江苏常州动漫产业基地为例，描述性地分析了这两处基地基于生命周期的发展路径以及发展动力来源；对集群发展的影响因素则采用问卷调查的实证方法，对两处基地内的企业和创意从业人员进行实地调研；在掌握了第一手数据资料的基础上，运用因子分析法对集群发展影响因素量表的理论模型进行验证。

第七章为政策建议。依据上述对文化创意产业集群的理论和实证研究，从政策制度、社会文化、中介组织、企业创新和网络环境5个方面提出了促进文化创意产业集群发展的政策建议体系。

第八章为研究结论与展望。对本书的内容和主要观点进行总结并指出本书的不足之处，同时提出了后续研究的方向。

1.3.3 研究方法及技术路线图

1.3.3.1 研究方法

(1) 文献阅读和调查访谈相结合

笔者查阅和收集了国内外关于文化创意产业和集群发展的大量文献，在写作过程中充分吸收和借鉴了已有的国内外相关研究成果，并对这些成果进行了较为全面的综述。与此同时，为了使理论研究有充分的事实依据，使研究结论更具有指导作用，在研究过程中，笔者采用了访谈和问卷调查等方式对相关文化创意产业集群进行了实地调研，为本研究提供了翔实的数据资料。

(2) 规范研究和实证研究相结合

本书对文化创意产业及集群的含义、特征、分类进行了全面系统阐述，对文化创意产业集群生命周期进行了分析，对集群发展机理也进行了重点阐述；这些内容均具有较强的理论性。在上述理论分析的基础上构建出创意产业集群演化的影响因素模型，并以上海张江文化科技创意产业基地和江苏常州动漫产业基地为例，实地调研取得数据，通过因子分析法对上述模型进行验证并予以修正，得出两处创意产业集群发展的影响因素模型，从而较好地体现了规范研究和实证研究相结合的特点。

(3) 定性研究与量化模型验证相结合

通过对大量国内外研究文化创意产业的文献资料的阅读和研究，笔者对文化创意产业及其集群给出了一个较为全面的定义，同时还对该产业的特征和分类进行了较为全面的表述；这些内容都具有鲜明的定性研究特征。而定量化研究主要体现在引入自然生态系统中的Logistic模型分析集群中企业之间共生演化的稳定性。通过构建演化博弈模型，将集群中企业选择竞合战略过程予以动态化反映，并就其演化结果进行稳定性分析。本书在研究方法上充分体现了定性研究与量化模型验证相结合的特点。

1.3.3.2　研究技术路线图

本书的研究技术路线图见图1.2。

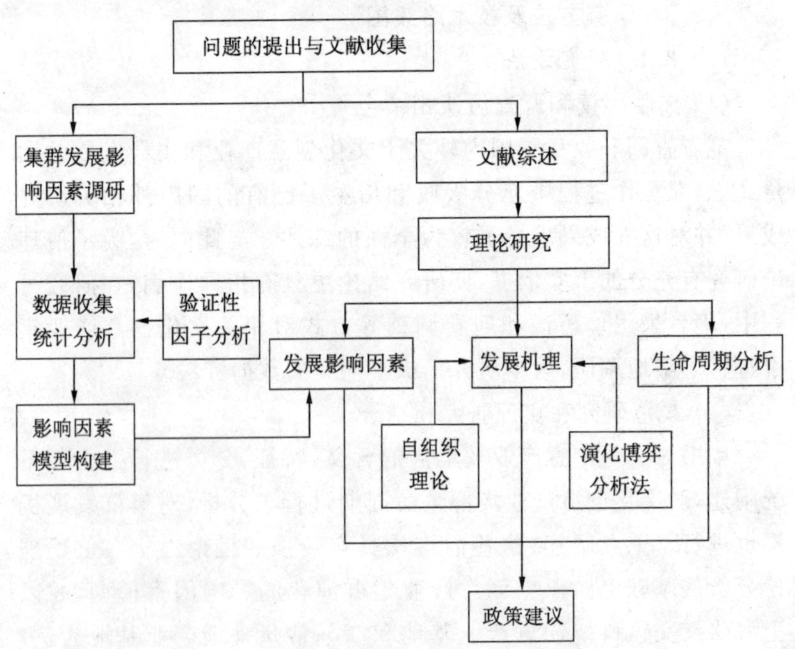

图1.2　本书的研究技术路线图

1.4　研究创新点

本书的创新点主要体现在以下几方面：

第一，在研究了国内外相关文献的基础上，以动漫产业为例，结合动漫产业自身特征，探索性地提出动漫产业集群发展影响因素的 5 个维度假设。通过对上海张江文化科技创意产业基地和江苏常州动漫产业集群的实地调研，运用因子分析法对假设的影响因素模型进行验证。在得出影响因素模型的基础上，本书提出了促进文化创意产业集群发展的政策建议。

第二，在阐释文化创意产业集群内企业创新竞合机理的基础上，运用演化博弈理论分析方法，构建了创意产业集群内企业创新战略竞合选择过程的演化博弈模型，并对策略的选择进行了演化动态稳定性分析，最后得出了竞合过程的演化结果主要受合作收益、合作成本以及采取合作创新策略成功的概率三个因素影响的结论。

第三，在对文化创意产业集群生命周期进行分析的过程中，针对生命周期不同阶段产业集群所表现出的状态，通过引入 Logistic 模型以反映其收益增长规律，运用种群相互作用的 Kolmogorov 模型对文化创意产业集群演化各阶段的稳定性进行分析，揭示了文化创意产业集群发展的基本规律，从而为制定有效的集群发展政策提供帮助。

第二章

文化创意产业集群及其发展的基础理论

2.1 文化创意产业的内涵

2.1.1 文化创意产业的相关概念界定

2.1.1.1 文化产业的内涵

“文化产业”的提法源于德国的阿多诺(Theodor Adorno)和霍克海默(Max Horkhemier)在1947年出版的《启蒙的辩证法》中的“cultural industry”。① 在霍克海默等看来,文化与工业是相互对立且不可融合的,对文化进行工业化生产并使用商业化的运作机制是对文化价值的贬损。基于社会精英代言人的立场,霍克海默等一直认为文化是社会中少数精英创造的并为上流社会所享有的精神产品。这种“文化产业”或是“文化工业”的称谓,实质上是以霍克海默等为代表的德国法兰克福学派对当时使用现代技术手段对文化进行规模生产和销售以娱乐大众的行为表示蔑视的一种说法。

20世纪30年代的经济危机在使美国经济状况严重恶化的同时,也为文化产业的快速崛起提供了契机。可支配收入的减少使得人们的娱乐方式也发生了极大变化,那些较为廉价的娱乐方式如广播、电影和音乐等受到了人们的欢迎。美国政府采取的一系

---

① Adorno T, Horkhemier M. Dialectic of enlightenment. New Left Books, 1979.

列扶助文化艺术相关行业的政策不仅使大批文化从业人员重新获得了工作机会，更为美国培养了大量文化产业方面的优秀人才，从而为美国战后文化产业的快速发展奠定了坚实的基础。20 世纪 70 年代以后，主要发达资本主义国家的产业结构发生了实质性的转变，创新型、知识型经济及服务业的比重越来越大。在这一转变过程中，文化产业扮演着越来越重要的角色。

联合国教科文组织将文化产业定义为"按照工业标准，生产、再生产、储存以及分配文化产品和服务的一系列活动的行业。其运用的本质是无形的文化内容，这些内容基本上受到著作权的保障"。以上述定义为基础，联合国教科文组织认为文化产业包括以下内容：印刷、出版、多媒体、视听、唱片和电影生产，以及工艺和设计。①

英国的大伦敦市议会在 20 世纪 80 年代对文化产业下了一个正式的定义：① 文化产业是那些没有稳定的公共财政资金支持，采用商业化方式运作的文化活动，是产生财富与就业的重要渠道；② 文化产业是所有与文化有关商业活动的通称，其文化产品用于满足人们的消费需求。②

而法国对文化产业的定义是在文化产品大规模生产和商业化中有着更多产业功能且联合了文化创造和生产等一系列环节的经济活动。

我国学者也从不同视角对文化产业的内涵进行阐述，例如胡惠林认为，文化产业是一个横跨经济、文化和技术的综合性学科，是一个以精神产品的生产、交换和消费为主要特征的产业系统，是一个包括文化艺术业、新闻出版业、广播电视业、电影业、音像制品

① 高宏宇：《文化及创意产业与城市发展——以上海为例》，同济大学博士学位论文，2007 年。

② 孙启明：《文化创意产业的形成与历史沿革——文化创意产业前沿》，中国传媒大学出版社，2008 年。

业、娱乐业、版权业和演出业在内的庞大体系。[①] 张曾芳等认为文化产业不仅仅是指物化劳动过程市场化和企业化，更不仅仅是文化活动的创收和营利问题，而是指文化生产的各个系统和环节有机关联并达到社会化、规范化、规模化的程度，是文化商品化和市场化由个体的、自发的局部行为上升到社会的、自觉的整体行为，是文化生产的企业化、工业化由量变到质变、由零散到系统的重大飞跃。[②] 花建认为，广义的文化产业是指以物化的文化产品和各种形式的文化服务进入生产、流通和消费的产业部门，包括文化产品的制造业、文化产品批发和零售业、文化服务业。[③] 沈山认为可将文化产业从广义到狭义作四个层面的定义：第一层面是对文化产业最广义和最基本的定义，即以文化价值和文化意义为基础的生产活动；第二层面是指艺术创作、传统和现代的艺术作品、艺术展览和文化传播活动；第三层面是指与商业运作、听众和观众以及与艺术作品的传播扩大能力有关的商业活动；第四层面也是对文化产业最狭义的定义，即认为文化产业就是指那些把文化与艺术创作看作企业行为的文化企业。[④]

还有学者认为，文化产业是从事文化产品生产和提供文化服务的以市场化方式经营的活动总称。文化产业从狭义上主要指文化艺术产业、娱乐服务业和广播影视业，而文化艺术业又包括艺术、艺术教育、出版、文物保护、图书馆、群众文化、文化艺术经纪与代理和其他文化艺术等行业；从广义上，表现为知识产业、教育产业、信息产业等一系列知识产业群。[⑤] 另有学者认为可以把文化产

① 胡惠林：《文化产业发展与国家文化安全——全球化背景下中国文化产业发展问题思考》，《文化产业的发展和管理》，学林出版社，2001年。

② 张曾芳，张龙平：《论文化产业及其运作规律》，《中国社会科学》，2002年第2期。

③ 花建：《上海文化产业的发展趋势和政策导向》，《毛泽东邓小平理论研究》，1998年第4期。

④ 沈山：《文化产业的内涵及其政策发展趋势》，《社会科学家》，2005年第3期。

⑤ 马海霞：《文化经济论与文化产业研究综述》，《思想战线》，2007年第5期。

业定义为生产和经营文化产品的企业群。这一定义包含以下几层意思：其一，文化产业是生产和经营文化产品的行业，因而与生产和经营物质产品的一般产业不同，具有特殊的精神或文化的属性；其二，文化产业追求利润的产业属性使得它与公益性文化事业有着明显的差异；其三，文化产业是与可以进行批量生产并产生规模经济效益的工业化、社会化大生产相联系的。

2.1.1.2　创意产业的内涵

创意产业是在知识经济基础上发展起来的。知识资本构成了创意产业兴起的基础和根本。从某种意义上说，没有全球化的知识经济浪潮就没有新经济，而没有新经济就没有创意产业。创意产业是互联网时代文化、经济、科技一体化且三者相互融合创新的产物。①

当代文化创意产业的兴起源于创意产业这一创新理念的发现和发明。创意产业（Creative Industry）、创意经济（ Creative Economy），或译"创造性产业"，是一种在全球化的消费社会的背景中发展起来的，推崇创新、个人创造力，强调文化艺术对经济的支持与推动的新兴的理念、思潮和经济实践。

联合国贸易和发展会议（UNCTAD）第六届部长级会议提出应放大创造性概念——从具有较强艺术成分的活动变为较多依赖知识产权、生产具有象征特性产品的任何经济活动。UNCTAD 对表演和视觉艺术这类传统文化产业和与市场更为接近的广告、出版以及与传媒相关的创意产业进行了区分，并认为后者的商业价值源于其较低的再生产成本以及转换到其他经济领域的便利性。UNCTAD 对创意产业进行了如下定义：是使用创意和知识资本作为主要投入的商品和服务的创造、生产和配置的一系列活动；这些活动通常以知识为基础并能通过知识产权获取收益；它包含有形产品和具有创意内容、经济价值的知识与艺术服务；是世界贸易中

① 金元浦：《认识文化创意产业》，《中华文化画报》，2007 年第 1 期。

具有新活力的产业部门。①

联合国教科文组织在蒙特利尔会议上对创意产业有如下定义:“按照工业标准生产、再生产、存储及分配文化产品和服务的一系列活动。”由这一概念可得出,创意产业包括物质形态的生产和服务两个方面,是指从事文化产品的生产经营活动以及为这种生产和经营提供相关服务的行业。②

著名经济学家保罗·罗默(Paul Romer)于1986年撰文指出,新创意会衍生出无穷的新产品、新市场和财富创造的新机会,所以新创意才是推动一国经济成长的原动力。但将创意产业理念作为一种国家产业政策和战略明确提出者是英国创意产业特别工作小组。

1997年5月,英国政府提议并推动成立了创意产业特别工作小组。1998年,该小组首次对创意产业进行了定义:“源自个人创意、技巧及才华,通过知识产权的开发和运用,具有创造财富和就业潜力的行业。”根据这个定义,英国将广告、建筑、艺术以及文物交易、工艺品、设计、时装设计、电影、互动休闲软件、音乐、表演艺术、出版、软件、电视广播等行业确认为创意产业。③

文化经济理论家凯夫斯对创意产业给出了以下定义:创意产业为我们提供宽泛的与文化的、艺术的或仅仅是娱乐的价值相联系的产品和服务;它们包括书刊出版、视觉艺术(绘画与雕刻)、表演艺术(戏剧、歌剧、音乐会、舞蹈)、录音制品、电影电视,甚至时尚、玩具和游戏。凯夫斯力图描述和总结当代文化创意产业的特征。在他看来,文化创意产业中的经济活动会全面影响当代文化商品的供求关系及产品价格。无疑,创意产业的提出建立了一条

① Creative Economy Report 2008. UNCTAD,2008.

② 厉无畏:《创意产业导论》,学林出版社,2006年。

③ DCMS. Creative industries mapping document. London,Department of Culture, Media and Sports,2001.

在新的全球经济、技术与文化背景下，适应新的发展格局，把握新的核心要素，建构新的产业构成的通道。①

另一位经济学家霍金斯在《创意经济》一书中，把创意产业界定为其产品都在知识产权法的保护范围内的经济部门。知识产权有四大类：专利、版权、商标和设计。每一类都有自己的法律实体和管理机构，每一类都产生于保护不同种类的创造性产品的愿望。每种法律的保护力量粗略地与上述所列顺序相对应。霍金斯认为，知识产权法的每一种形式都有庞大的工业与之相对应，加在一起"这四种工业就组成了创造性产业和创造性经济"。②

我国学者厉无畏认为，创意产业的出现是知识、文化在经济发展中地位日益提高的结果。创意产业内涵的关键是强调创意和创新。从广义上讲，凡是由创意推动的产业均属于创意产业，通常把以创意为核心增长要素的产业或缺少创意就无法生存的相关产业称为创意产业。③

北京大学王缉慈教授认为创意产业可以定义为具有自主知识产权的创意性内容密集型产业，包括三层含义：第一，创意产业来自创造力和智力资产，因此又称作智力资产产业（Intellectual Property Industry，IP产业）；第二，创意产业来自技术、经济和文化的交融，因此创意产业又称为内容密集型产业（Content-intensive Industry），而且是具有自主知识产权的内容密集型产业；第三，创意产业为创意人群发展创造力提供了根本的文化环境，因此又往往与文化产业（Culture Industry）概念交叉使用。④

我国学者荣跃明认为从创意产业与文化产业的关系看，创意产业脱胎于文化产业，在某种意义上可以说是艺术生产的一种业

① Caves R. Creative industries: contracts between art and commerce. Harvard University Press, 2002.

② [英]霍金斯：《创意经济》，洪庆福，等译，上海三联书店，2006年。

③ 厉无畏：《创意产业导论》，学林出版社，2006年。

④ 王缉慈：《文化创意产业形成有其自身发展规律》，《中国高新区》，2008年第3期。

态。早期的创意产业被称为文化创意产业，这暗示了创意产业与文化产业的渊源关系。①

2.1.1.3 文化创意产业的概念

我国台湾“跨部会”文化创意产业推动小组参考联合国教科文组织与英国政府对文化产业和创意产业的定义，将文化创意产业定义为“源自创意与文化积累、透过知识产权的形成与运用，具有创造财富与就业机会潜力，并促进整体生活环境提升的行业”。文化创意产业的定义界定了该产业的产出是以文化内容为核心的产品与服务，使得该产业的内涵更加清晰。

我国学者金元浦认为文化创意产业是在全球化条件下，以消费时代人们的精神文化娱乐需求为基础，以高科技技术手段为支撑，以网络等新传播方式为主导，以文化艺术与经济的全面结合为特征的跨国、跨行业、跨部门、跨领域重组或创建的新型产业集群。②

中国社会科学院学者张晓明认为，文化创意产业是文化产业发展到新阶段的产物；文化产业是文化与经济融合的产物，而文化创意产业是文化与经济融合的一个崭新阶段。③

我国学者邓晓辉认为文化创意产业首先是文化产业的子范畴，是文化产业中重视创新的部分，正是从这个意义上讲，文化创意产业是文化产业的高级模式；其次，文化创意产业也是创意产业的子范畴，是创意产业中以文化内容为主要产品和服务的部分。邓晓辉把文化创意产业定义为以现代科学技术和文化资源为基础，通过个性化的创造过程和特定的组织模式来生产、复制和传播

---

① 荣跃明：《超越文化产业：创意产业的本质与特征》，《毛泽东邓小平理论研究》，2004年第5期。

② 金元浦：《文化创意产业的多种概念辨析》，《同济大学学报（社会科学版）》，2009年第1期。

③ 张晓明：《创意产业在中国的前景》，《投资北京》，2005年第8期。

以文化内容为核心的商品与服务的营利组织的集合体。①

我国学者李世忠将文化创意产业定义为依靠个人的知识、技能、天赋，通过科技与艺术这两大手段，对文化资源进行创造、重构、嫁接和提升并与其他产业融合生产出具有文化艺术元素的高附加值的产品与服务，以满足人类感性需要和理性精神需求的产业。他认为文化创意产业包含文化产业，文化产业只是文化创意产业的一个子集，文化创意产业的内涵远远大于文化产业。从整个产业链视角来看，文化产业只是处于文化创意产业链的下游产业；文化创意产业是先有创意而后形成产业，创意处于产业链的最上端。李世忠将文化创意产业概括为文化产业、设计产业、体验产业以及旅游业的总和。②

2.1.1.4 其他与文化创意产业相关的概念

(1) 版权产业的概念

美国文化创意产业的发展在很大程度上依赖于知识产权制度特别是版权制度的保护，同时核心版权产业范围正与美国文化创意产业中的主要部分重叠，因而在美国，文化创意产业又通常被称为版权产业。根据国际知识产权联盟(IIPA)的定义，美国版权产业是指所有以版权为基础的产业部门，包括核心版权产业和外围版权产业。核心版权产业是以创造有版权的作品或者是受版权保护的物质产品为特征，指的是对享有版权的作品的再创作、复制、生产和传播。而外围版权产业主要包括部分版权产业和发行类版权产业。③

而我国学者金元浦认为版权产业是从知识内容、市场权益出发产生的分类理念，主要是美国(北美)采用的对总体文化产业的

① 邓晓辉：《新工艺经济时代的文化创意产业研究》，复旦大学博士学位论文，2006年。

② 李世忠：《文化创意产业相关概念辨析》，《兰州学刊》，2008年第8期。

③ 牛维麟：《国际文化创意产业园区发展研究报告》，中国人民大学出版社，2007年。

概括性表述；它高度关注知识产权的归属，与美国这个版权大国的国家利益有着密切的关联。①

我国学者张梅认为版权产业是指所从事的生产经营活动与享有版权的作品有关，并直接或间接受版权法律的规范。主要包括与复制、发行、传播文学、艺术和科学作品有关的行业以及收集、存储与提供信息的信息产业。②

(2) 内容产业的概念

内容产业最早于1995年由“西方七国信息会议”首次提出。次年欧盟在“Info 2000”的计划文件中将内容产业定义为“那些制造、开发、包装和销售信息产品及其服务的企业”。1998年，经济合作与发展组织在《作为新增长产业的内容》的专题报告中把内容产业界定为“由主要生产内容的信息和娱乐业所提供的新型服务产业”，具体包括出版和印刷、音乐和电影、广播和影视传播等产业部门。③

在欧盟经济和社会委员会2001年发表的一份公报中，对内容产业进行了完整、准确的界定：“内容产业由那些制造、开发、包装和销售数据、文本、语音、图像或多媒体内容的企业组成，表现为以纸张、缩微胶卷、磁存储器或光存储器为载体的模拟或数字形式。”该公报认为内容产业主要包括各种印刷出版、电子出版以及视听产业。④

我国学者金元浦认为内容产业则是从产品自身的内容出发所考虑的理念，是知识经济浪潮中以网络高新技术、互联网与数字化

---

① 金元浦：《文化创意产业的多种概念辨析》，《同济大学学报（社会科学版）》，2009年第1期。

② 张梅：《版权产业与版权保护》，《知识产权》，2006年第3期。

③ European Commission. Info 2000 (4-year Work Program 1996—1999), 1996.

④ 马双：《文化产业 内容产业 创意产业》，《新疆艺术学院学报》，2007年第1期。

为基础产生的理念;它关注当代数字类产品的文化内容。①

也有学者认为,内容产业是基于数字化信息技术,融合了出版、报纸杂志、广播电视、音像电影、通信网络等多种媒体形态,从事制造、生产和传播有关信息文化内容的综合产业。它融合了信息与通信技术产业和文化产业的部门,是广义"知识产业"的重要组成部分。②

还有学者给出了这样的定义:内容产业就是基于数字化、多媒体和网络技术,利用信息资源和其他相关资源,创作、开发、包装和销售信息产品或服务的产业。③

通过以上分析可以发现,文化创意产业的兴起虽然与文化产业有密切的关系,但其内涵与文化产业、创意产业、版权产业、内容产业的范畴很难完全界定区分;在不少场合,"创意产业"、"文化产业"、"版权产业"甚至被视为是同样的概念范畴。从创意产业、版权产业所涉及的诸多产业来看,这个产业向诸多传统产业渗透的趋势也日趋明显。本书不对这些概念再做进一步辨析,因为无论是创意产业还是文化产业、版权产业,其核心内涵无疑属于知识密集和技术密集的新兴服务业。

2.1.2 文化创意产业的特征

2.1.2.1 具有高新产业的特性

文化创意产业是以文化创意为内容和原动力、以科技创新为实现手段和支撑、以产生经济效益为最终目的,是文化、科技和经济三位一体的产物,是把文化创意、科技创新和经济价值发挥出来的有效途径。首先,以计算机网络通信技术和数字虚拟技术为基础的现代科技为创意产业提供了技术支持和发展平台,当前两者

① 金元浦:《文化创意产业的多种概念辨析》,《同济大学学报(社会科学版)》,2009年第1期。

② 李晓玲,李会明:《内容产业的产生及其影响》,《现代国际关系》,2003年第5期。

③ 赖茂生,等:《内容产业的含义和分类研究》,《数字图书馆论坛》,2006年第2期。

密不可分,相互融合共生。随着现代信息技术在经济、社会生活中的广泛应用和渗透,文化创意产品的创作和生产过程越来越依赖于网络和现代信息技术,其表现形式也发生了根本性的变化。其次,文化创意产品的生产具有明显的创新性。创新性是文化创意产业的本质特征。文化创意产品的创作者在吸纳前人劳动成果的基础上独具匠心地创作出前人所没有的新东西。文化创意产品的生产是具有自主知识产权的原创性研究和发明的过程,而这个创作过程需要生产者的创作激情才能得以完成。再次,文化创意产品具有高附加值特性。由于创意产业依托于传统产业的创新环节,处于其价值链高端,所以天生是一种高附加值产业。它把注入传统产业的文化价值和高新技术转化为新的增值要素。可以看到,在其产品和服务中,科技与文化的附加值比重明显高于传统产业内劳动力和资本等传统要素所占产品和服务的附加值比重。对于创意产业,判定其价值大小的重要标准是其创意含量的高低。①

2.1.2.2 具有显著的渗透性和融合性

由于信息技术的普及,在文化创意产业内部各部门间的界限被逐渐打破,各部门间有了更多的渗透与融合。这种渗透会产生出包含多个文化创意门类的新型内容产业,其表现内容和外在形式均会不断翻新,从而使得电信、媒体和通信技术部门能共同寻求新的盈利增长产品。这种渗透与融合也导致新创意和创新性产品的不断繁衍,为这些部门带来潜在的巨大商机。而文化创意产业的渗透性同样表现为创意产业与传统产业的融合;在未成为独立的产业部门之前,文化创意产业只是被看做第三产业中现代服务业的重要组成部分。尽管当前随着现代信息技术的高速发展,文化创意产业正在作为一个独立的产业部门而存在,但文化创意产业的真正价值则体现在通过“越界”促成不同行业、不同领域的重

① 张京成,刘光宇:《创意产业的特点及两种存在方式》,《北京社会科学》,2007年第4期。

组与合作，打破第二、第三产业的原有界限；通过越界，寻找提升第二产业，融合第二、第三产业的新的增长点。创意产业往往是在制造业充分发展、服务业不断壮大的基础上形成的，是第二、第三产业融合发展的结果。创意产业中既有设计、研发、制造等生产活动领域的内容，也有传统三产中的一般服务业，更有艺术、文化、信息、休闲、娱乐等精神心理性服务活动的内容，是城市经济和产业融合发展的新载体，是现代服务业的重要组成部分。①

2.1.2.3　具有鲜明的知识产权性

文化创意产业当中有形资产较少，其核心生产要素是信息、知识、文化和技术等无形资产，这就将其与知识产权紧密联系在一起。文化创意产业覆盖了设计、文艺、咨询策划和时尚消费等诸多技术密集与知识密集的领域，所以文化创意产业比传统产业对知识产权具有更高的依赖程度。如果没有知识产权的保护，文化创意产业将面临商品被任意仿制和随意复制的混乱局面，整个产业都将面临生存和发展的危机。不讲知识产权，创意无从谈起；不讲知识产权保护，文化创意产业就难以发展。拥有知识产权是发展文化创意产业之根，加强知识产权保护是发展文化创意产业之本。文化创意产业实质是知识产权产业。

2.1.2.4　具有动态延展性

从产业运作模式上看，创意产业的发展更加动态化；它是市场经济运行的高端方式，更多地依靠市场和消费自身的推动，同时又不断地设计市场、策划市场、涵养市场、激发市场。也就是说，在当下的全球化消费时代，市场的全球性，传播的全球性，需求的精神化、心理化、个性化、独特化，消费的时尚化、浪潮化，使得创意作为产业，从根本上改变了过去固化的稳态工业发展模式——常规结构、常规模式、常规营销、常规消费，而代之以不断变动的创意策划、创意设计、创意营销、创意消费。它在不断关注市场的过程中，

---

① 金元浦：《文化创意产业相关概念研究》，http://info.printing.hc360.com.

创造消费惯例，涵养消费人群，引导消费时尚潮流；它不断在创意中寻找热点、利润和机会，以一种动态的平衡模式替代或提升过去的稳态工业发展模式。

2.1.2.5 具有市场的不确定性与高风险

文化创意产业生产的产品不是基本的物质性必需产品，而主要是用以满足人们精神需要的精神产品，因而这类产品更富于精神性、文化性、娱乐性、心理性。随着人们生活水平的提高，尽管对这种精神性的产品的需求在总体上日益提升，但由于存在着时尚潮流、个体嗜好、传播炒作、时机选择、社会环境、文化差异、地域特色等多种不确定因素，对精神产品的需求弹性也较大，这大大增强了文化创意产品的市场需求的不确定性。文化创意产品的生产制作过程同样存在着不确定性和高风险性。创意产业一端是作品的创作人员，另一端则为市场和具有不同消费者偏好的受众；一旦创作者的创意孵化失败，该产品不能被市场认可，投资风险就会显现。即使最初的创意策划是成功的，但由于创意产品的创作过程远比一般产品复杂，倘若其后续产业链中的技术制作、传播操作、管理协调、商品销售等多道环节有不成功之处，则创意产品依然无法实现其市场价值。尽管文化创意产业以知识创新与高新科技为支持体系，具有可能的高收益、高回报和高增长潜力的特性，但由于上述一系列的不确定因素，文化创意产业成为高风险的投资行业。

2.1.3 文化创意产业的分类

(1) 英国 DCMS 模式

该模式是 20 世纪 90 年代后期，英国出于对日趋激烈的全球化竞争以及以创意和创新为驱动力的经济增长方式的回应，同时存在需对本国经济重新定位这样一个外部激励的背景下产生的。创意产业是指那些需要拥有创意、专门技能以及人才，并通过知识产权的开发具有创造工作机会和经济财富潜力的行业(英国 DCMS，2001)。实际上 DCMS 模式对创意产业所划分的 13 个类别在早期一直被看做文化的领域，只是当代英国政府为了回避“文化”一词复杂的内涵而更乐意使用“创意产业”这个术语。

（2）象征性文本模式

该模式对文化产业的划分源自欧洲国家批评性的文化研究传统。它将“高雅”和“严肃”的艺术看做社会和政治权贵集团的专属领域，而不是被关注的大众文化。在该模式中所刻画的社会所形成和表达的文化经由文本资料的产业化生产、分发和消费，靠电影、广播和出版等手段予以展现。

（3）同心圆模式

该模式是基于以下假设：这些产业最与众不同的特性是产品的文化价值。同心圆模式认为创意源于以声音、文本和图像为表现形式的核心创造性艺术。这些创意通过“同心圆”以从文化到商业化内容递减的比例向外部扩散。该模式成为欧盟近些年对创意产业分类的基本模式。

（4）世界知识产权组织（WIPO）的版权模式

该模式是指那些直接或间接涉及版权作品的创造、制作、生产、传播和分配的产业。其所关注的知识产权是对创造性加以保护的具体表达方式。该模式将版权产业分为三类：核心版权产业、相关联版权产业以及部分版权产业。核心版权产业指以创造有版权的作品或者受版权保护的物质产品为特征，对享有版权的作品的再创作、复制、生产和传播；相关联版权产业主要是指其所产生和发行的产品完全或主要是与版权物品配合使用；而部分版权产业是指其产品只部分享有版权。

表2.1列出了各模式所涵盖的产业类别。除英国DCMS模式外，其他模式都对文化创意产业进行了分类。后三种模式中对核心内容的划分各不相同，例如处于同心圆模式中的核心创造性艺术在象征性文本模式中居于外围文化产业的位置。上述分类方式无所谓正确和错误之分，仅仅是基于分析的需要，从不同的视角阐释了文化创意产业的构成特性。

表 2.1 文化创意产业的主要分类方式

英国 DCMS 模式	象征性文本模式	同心圆模式	WIPO 版权模式	部分版权产业
广告	核心文化产业	核心创造性艺术	核心版权产业	建筑
建筑	广告	文艺	广告	衣袜
艺术品和古玩市场	电影	音乐	电影、视频	设计
手工艺	互联网	表演艺术	音乐	时尚
设计	音乐	视觉艺术	表演艺术	家用产品
流行时尚	出版	其他核心文化产业	出版	玩具
电影、视频	电视、广播	电影	软件	
音乐	电脑游戏	博物馆和图书馆	电视、广播	
表演艺术	外围文化产业	更宽泛的文化产业	视觉艺术	
出版	创造性艺术	文化遗迹	相关联版权产业	
软件	边界文化产业	出版	空白记录材料	
电视、广播	消费性电子产品	录音	电子消费品	
电脑游戏	时尚	电视、广播	音乐设备	
	软件	电脑游戏	纸	
	体育		复印机、摄影设备	

资料来源：UNCTAD，2008.

另外，联合国贸易和发展会议（UNCTAD）也对文化创意产业进行了全面定义和分类。对“创意产业”这个概念认可的重要标志是2004年召开的UNCTAD第六届部长级会议。这次会议中，创意产业的内容被引入国际经济和发展日程。UNCTAD对创意产业的划分依赖于扩大的“创造”概念，其涵盖了从有很强艺术成分的活动到依赖于知识产权并产生符号性产品的任何经济活动。UNCTAD对创意产业的上下游活动作了明确区分：所谓上游活动是指表演艺术和视觉艺术等传统文化活动；下游活动是指更接近于市场的活动，例如广告、出版以及和媒体相关的活动。后者的商业价值在于其较低的再生产成本和向经济领域中其他部门便利地转换；而前者即我们通常所称的文化产业，成为了创意产业的一个分支。UNCTAD将创意产业划分为文化遗产、艺术、媒体和功能创新四类，同时还对这四类进行细分，形成了9个小类别。进行这样的分类是基于以下现状：当前多数国家将许多行业均纳入创意产业名下，但鲜有对这些庞杂的行业门类进行再细分的。这种分类方法将会有助于对跨领域相互作用的理解。

第一类：文化遗产。文化遗产被认为是所有艺术形式的起源，也是文化和创意产业的核心灵魂，同时也是与文化遗产相关联商品和服务等文化活动的由来。该类别又细分为两类：一是传统文化表现形式，例如艺术、手工艺、节日庆典等风土人情；二是文化场所，如考古遗址、博物馆、图书馆、展览馆等。

第二类：艺术。这一类别是指那些纯粹基于艺术和文化的创意产业。该类别同样细分为两个小类：一类是视觉艺术，如绘画、雕塑、摄影和古董；另一类是表演艺术，如现场演奏、剧院、舞蹈、歌剧、杂技以及木偶表演艺术等。

第三类：媒体。媒体是指以和大众交流为目的的创意内容的生产媒介。该类别细分为两类：一类是出版和印刷媒体，包括出版物等；另一类是视听媒体，如电影、电视和广播等。

第四类：功能创新。这一类别包括那些由需求引致的和以服务为导向的产业类别。该类别细分为三类：一类是设计，如室内设计、绘画、流行时尚、珠宝、玩具等；另一类是新媒体，包括软件、视频游戏、数字化的创意内容等；还有一类是创意服务，如建筑、广告、文化和娱乐、创新研发以及其他相关创意服务。

除上述分类外，欧盟对文化产业也提出了自己的分类方法。欧盟根据文化产业不同的消费模式将其分为三类：第一类是集体文化行为，包括文化遗产、音乐、表演艺术及电影；第二类是个人文化行为，包括广播电视、图书及图书馆、音乐录制、多媒体产品及网上服务等；第三类是个人兼集体文化行为，包括业余音乐创作及演出、社会文化活动、文化教育、乐器生产等。欧盟委员会又根据文化产业的经营特点将其分为三类：第一类是由政府资助的公益性公共文化机构及设施，包括文化遗产、建筑文物保护、博物馆、图书馆、交响乐团、戏剧、音乐剧、音乐学校等；第二类是指由社会各方资助的非盈利性的文化部门，包括各种艺术协会、公众广播、文化团体、文化组织、文化基金会等；第三类是盈利性的文化部门，指个人的艺术及文化创作、音乐及图像市场、电影电视制作、图书和传媒市场、艺术设计市场、手工艺、休闲艺术等。①

日本则将创意产业分为5类：第一类是立体文化产业，即传统意义上的文化产业，如图书出版、电视、唱片和电影等；第二类是大众文化娱乐产业，包括体育类、兴趣类；第三类则是艺术服务产业，主要是指艺术演出和展览策划；第四类是文化信息传播产业，主要指传统的传媒公司、创意衍生产品的制作机构等；第五类是大文化范畴内的文化产业，主要是指民族文化、习俗等。

新加坡将创意产业分为三大类13个行业：第一类是艺术与文化，如摄影、表演及视觉艺术、艺术品与古董买卖、手工艺品；第二类是设计，如软件设计、广告设计、建筑设计、室内设计、平面产品及服装设计；第三类是媒体，如出版、广播、数字媒体、电影等。

我国台湾地区将文化创意产业分为13个行业：视觉艺术业、音乐与表演艺术业、文化展演设施业、工艺业、电影业、广播电视业、出版业、广告业、设计业、数字休闲娱乐业、设计品牌时尚业、建筑设计业、创意生活业。

当前我国大陆对文化创意产业并没有一个统一标准的分类方法，但在一些文化创意产业较为发达的省市已经制定了相应的文化创意产业分类标准，如北京市。2006年北京市权威部门根据我国的《国民经济行业分类》确立了文化创意产业的类别（见附录Ⅲ），介绍如下。

第一层，根据文化创意活动的特点分为9个大类：① 文化艺

① 厉无畏：《创意产业导论》，学林出版社，2006年。

术;① 新闻出版;③ 广播、电视、电影;④ 软件、网络及计算机服务;⑤ 广告会展;⑥ 艺术品交易;⑦ 设计服务;⑧ 旅游、休闲娱乐;⑨ 其他辅助服务。

第二层,依照产业链和上下层分类的关系,把 9 大类分解为 27 个中类。比如,把第一层中的"新闻出版"分解为:① 新闻服务;② 书、报、刊出版发行;③ 音像及电子出版物出版发行;④ 图书及音像制品出租。

第三层,对第二层再次进行延伸,分为 88 个小类。和以前相比,这次北京市对文化创意产业的分类标准主要有两个方面的区别:一是在文化产业的基础上,增加了 8 个国民经济行业小类,如电信服务、计算机系统服务、基础软件服务、应用软件服务、其他软件服务、工程勘察设计、规划管理、城市绿化管理等。二是扩大了文化产业中部分行业的范围。主要是扩大了知识产权服务、其他专业技术服务和其他计算机服务三个行业小类的范围,如知识产权服务在文化产业中仅指版权服务活动。但北京市在制定文化创意产业的分类标准中还包含了专利服务、商标服务、软件服务等其他知识产权服务活动;在其他专业技术服务方面,文化产业中仅包括美术设计、展台设计等服务活动,未包括工业产品设计服务、包装装潢设计服务、模型设计服务等其他设计服务活动。在文化产业分类标准中,北京市将这些设计活动都纳入了统计范畴中。[①]

2.2 文化创意产业集群的内涵

2.2.1 文化创意产业集群的相关概念

早在 20 世纪 70 年代,国外学者泽曼斯吉斯(Czamanskis)将集群概念引入经济学,提出了产业集群(Industrial Cluster)的概念。

① 张曦:《文化创意产业的内涵和分类》,《首钢日报(电子版)》,2007 年 5 月 15 日,http://www.shougang.com.cn/shougangdaily/4729/2007-05-17_15097.html.

1990 年,美国波特教授在《国家竞争优势》一书中重新提出产业集群的概念。波特教授指出产业集群是由与某一产业领域相关的相互之间具有密切联系的企业及其他相应机构组成的有机整体,至少应包括如下几个因素:第一,与某一产业领域相关。一般来说,产业集群内的企业和其他机构往往都与某一产业领域相关,这是产业集群形成基础。第二,产业集群内的企业及其他机构之间具有密切联系。产业集群内的企业及相关机构不是孤立存在的,而是整个联系网络中的一个个节点,这是产业集群形成的关键。第三,产业集群是一个复杂的有机整体。产业集群内部不仅包括企业,而且还包括相关的商会、协会、银行、中介机构等,是一个复杂的有机整体,这是产业集群的实体构成。①

而产业集聚(Industrial Agglomeration)是指同一类产业或不同类产业及其在价值链上相关的、支持的企业在一个地区的集中与聚合,以获得规模经济和范围经济并降低成本;其强调的是产业集中的现象,而最终不一定形成产业集群。产业集群不仅强调这些上下游企业之间的分工协作,而且强调企业与当地政府及其他支持机构之间的竞争和合作关系,结成具有很强的地域性的区域创新网络,从而能够促进集群的不断发展和升级。

学者陈倩倩、王缉慈认为在全球化背景下,地方的重要性逐渐凸显,文化创意产业仍然高度依赖本地人的创造力和本地独特的发展环境。文化创意产业集群因而提供独特的发展环境,成为创意产业发展的良好载体。集群内的企业和个人高度集聚,企业间存在密切的联系,形成本地生产网络。创意者个人被该环境吸引,形成创意产业的主导力量——创意阶层,而创意阶层又能够使该环境的创新氛围更加浓厚;新的产品、设计和营销能为本地带来丰厚的利润,使地方基础设施的建设有了物质保障,能吸引更多的创

---

① [美]迈克尔·波特:《国家竞争优势》,李明轩,等译,华夏出版社,2002 年。

意者来到该区域。①

而学者李蕾蕾、彭素英则认为文化创意产业集群是由艺术家和创意阶层、文化艺术公司、项目生产、社会网络、创意环境、知识、信息和创新机制等融合一体、占据一地的复杂生态系统。②

学者刘蔚认为文化产业集群就是大量的相互关联的文化娱乐公司(电影公司、广播电视公司、广告公司、新媒介公司、出版社、唱片公司和设计公司、经纪公司等)、个人(艺术家)以及与相关支持系统(包括大学、行业协会、金融机构、服务性行业、政府部门等)在一定地域范围内的集聚和集中。③

也可将文化创意产业集群简单定义为一定地理范围内相互临近且相互联系的企业之间存在积极的沟通、交易渠道,相互进行交流与合作的文化创意产业领域的企业群。

2.2.2　文化创意产业集群的特征

2.2.2.1　集群地理位置的特殊性

传统产业集群通常会从节约交易成本的角度去考虑地理位置的选择,因而一般都会出现在交通运输便捷、劳动力成本低廉的地区。与传统工业集群不同,文化创意产业集群通常选择在历史文化底蕴深厚、城区基础设施便利以及拥有大量创意人才的城市扎根。在这些城市中,创意人才汲取着城市文化的精髓,触摸着城市发展的脉搏,构思着无穷的创意,因而可以说丰厚的文化积淀为创意萌生提供了充足的"养料",这是形成文化创意产业集群的前提条件。创意阶层通常将工作与生活相结合,他们特别重视工作的意义、灵活性与愉悦性,讲究生活的自由、轻松和休闲。他们既在那里工作,也在那里生活。对于创意阶层而言,他们既生产创意产

---

① 陈倩倩,王缉慈:《论创意产业及其集群的发展环境——以音乐产业为例》,《地域研究与开发》,2005 年第 5 期。

② 李蕾蕾,彭素英:《文化与创意产业集群的研究谱系和前沿:走向文化生态隐喻》,《人文地理》,2008 年第 2 期。

③ 刘蔚:《文化产业集群的形成机理研究》,暨南大学博士学位论文,2007 年。

品,同时也消费创意产品。创意产业集群内含了创意个体的工作环境和生活环境,是有非营利企业、文化机构、艺术场所、媒体中心和不同类型艺术家的集群。它既是工作的地方,又是生活的地方;既是文化生产的地方,又是文化消费的地方。[①] 因此文化创意产业集群往往出现在城区,因为这里既是创意生产的核心区域,同时也会成为创意产品的市场交易中心。例如纽约、伦敦、东京以及香港等技术发达、人才密集和高度开放的国际大都市无一例外都是创意产业集群较为发达的地区,这些地区具有优越的区位条件和巨大的高级生产要素优势。

2.2.2.2 跨行业积聚的特性

文化创意产业集群的企业通常具有较大的跨行业特征,实质是由若干个子产业构成的一个产业集合,在这个产业集合内部,不同的子产业相互关联,或间接或直接地发生组合。其主要构成包括相关文化艺术创意设计方面的企业,从事文化创意产品生产的企业,为文化创意等内容产品提供载体的组织如音像、出版、传媒、广告、报刊等机构以及提供高科技技术支持如数字网络内容产业方面的企业等。这种构成有利于开放集群内企业间的动态联系,构成立体的多重交织的产业链环,形成综合融汇的集群效应。这些身处不同行业的企业之间虽然无法获得同一产业价值链上的知识共享与交流,但不同行业的公共知识是交流的基础,不同行业知识的多样性与异质性丰富了集群内的创意知识元素,促进集群的发展。而随着信息技术和网络技术的发展,文化创意产业的存在形态也在发生质的变化,各行业之间的界限日益模糊,这也促成了跨行业经营企业的出现。

2.2.2.3 集群主体的创新性突出

支撑文化创意产业集群的关键要素在于集群主体的创新和创

---

① 曾光,张小青:《创意产业集群的特点及其发展战略》,《科技管理研究》,2009年第6期。

意性，即集群主体是具有创造性的人和企业，也可称之为文化创意阶层和文化创意企业。这些集群创新主体的工作就是“创造新观念、新技术和新的创造性内容”。与普通人才相比，这些创意人才通常拥有较高的文化素质、科技能力和独特见解，并富于想象力、敢于创新。而文化创意企业与传统企业相比也有较为突出的创新性：一是企业员工主要是知识型劳动者，是能激发出创意灵感的设计、创作方面的高级专业人才；二是企业家是一个集诸多技能于一身的复合型人才，能对性质迥异的企业资源进行有效整合，进而提升企业创意能力；三是企业以生产符号和象征性产品或服务为主，其产品或服务具有一定的文化价值、艺术价值或娱乐价值。[①]

2.2.2.4　创意人才的先导性

传统的产业集群首先是企业集聚，然后企业吸引人才。在创意经济时代，创意人才成为创意产业集群发展最重要、最活跃的资源，成为创意企业和投资接踵而来的先决条件。理查德·弗罗里达（Richard Florida）通过对美国有创造力的人在区位选择方面的研究说明，“过去是公司区位吸引了人，现在是有创造力的人吸引公司；区域经济发展依赖有创造力的人，公司将会搬到有创造力的人居住的地方”。受创意人才区位的影响，国内外许多成功的创意产业集聚区都是紧邻当地著名大学并依托大学共同发展起来的。创意人才的先导性还突出地表现在自下而上的市场自发型创意产业集群模式上。这种模式通常先是少数艺术家选中某个适宜地方，进而带来众多艺术家和艺术机构的自发集聚；并且集群所产生的知识外溢、学习效应、网络创新效应进一步形成集群的自强化机制，循环累积的因果关系导致创意集群在某一区域被锁定。[②]

① 盈利：《创意产业集群网络结构研究》，北京交通大学硕士学位论文，2008年。

② 曾光，张小青：《创意产业集群的特点及其发展战略》，《科技管理研究》，2009年第6期。

2.2.2.5 集群的网络特性

文化创意产业集群的发展需要大学、研究机构、政府和金融机构提供必要的人才、技术、政策和金融支撑，因而在文化创意产业集群内由文化创意企业、大学、研究机构、地方政府等组织在交互作用和协同创新过程中，彼此建立起各种相对稳定的、能够促进创新的、正式或非正式的关系，表现出了很强的网络特征。因此，创意产业集群表现为数量众多的创意企业及相关的机构在空间上聚集，其中相关的机构包括创意企业、非营利性企业、行业协会、法律顾问、金融部门、教育机构、地方政府等，从而形成了一种正式的网络结构。另外，大多数创意企业多是由创意人才、艺术家和拥有较好创作技能的人创办的；这些企业规模通常较小，多以中小企业甚至是微型企业为主。创意集群的网络化能为这些依赖于本地隐含知识获取和以项目合作为主要工作机会的中小创意企业带来明显的集体效应力，这反过来又进一步促使创意企业和个人因学习和合作关系而互相结成网络结构(见图 2.1)。

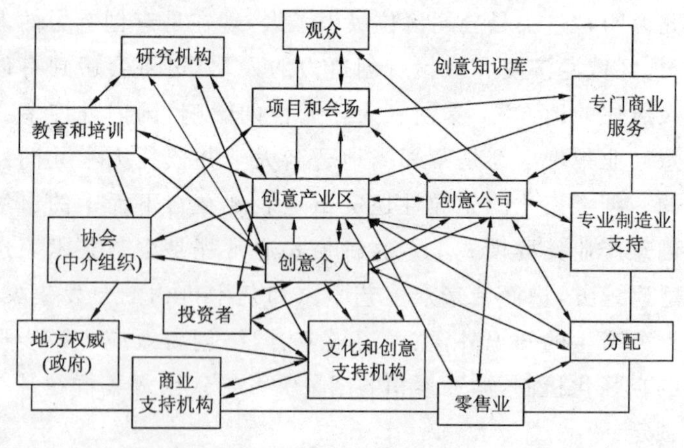

图 2.1 文化创意产业集群的网络特征①

① 肖雁飞：《创意产业区发展的经济空间动力机制和创新模式研究》，华东师范大学博士学位论文，2007 年。

2.2.3 文化创意产业集群的价值链构成

文化创意产业集群内的价值链通常由内容创意组织、生产制造组织、营销推广组织以及传播渠道组织四类组织机构所构成(见图 2.2),这些组织及其成员在作为创意产品创作者的同时也成了这些产品的消费者(受众)。内容创意企业是集群内最重要的构成主体,他们的工作是完成创意产品制作的最主要环节——创意形成环节。这个环节位于文化创意产业集群价值链的最前端,创意产品的最大增值部分就在这些艺术设计师原创性的知识含量之中,尽管这些创作者所在的企业都是中小型或是微型创意组织。创意产品的生产制造组织同样是集群内重要的机构,他们处于将创意转换为创意产品的重要环节,这些企业通过专门的创意产品生产设备和工艺技术进行批量的规模生产。成功的创意产品必然离不开优秀的营销推广机构,这些机构通常具有专门的设计、包装、策划创意产品的能力,这些通晓市场的策划人、经纪人和技术中介机构以及各类代理商能用各种营销方式将创意产品快速推向市场,对创意产品最终获得市场认可并实现经济回报起着重要的推动作用。另外创意产品的发行传播商也是集群价值链中的重要环节。当前发行传播主体主要是由电影电视播映机构、报刊社、电台、演出经营场所以及互联网络运营商等传统和现代传播渠道构成。

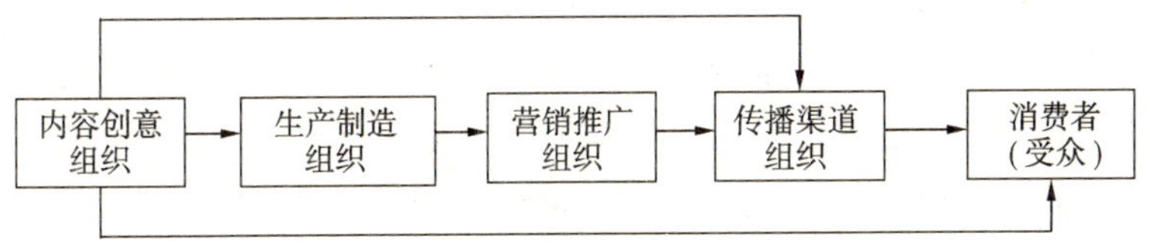

图 2.2 文化创意产业集群的价值链构成①

① 厉无畏:《创意产业导论》,学林出版社,2006 年,第 194 页。

2.3 文化创意产业集群演化的理论基础

2.3.1 生命周期理论:对文化创意产业集群发展过程的解释

生命周期是指具有生命现象的有机体从出生、成长到成熟衰老直至死亡的整个过程。最初该理论是被美国哈佛大学教授弗农(Vernon)于1966年在其《产品周期中的国际投资与国际贸易》一文中用于对产品市场寿命的研究。弗农认为:产品生命是指市场上的营销生命,产品和人的生命一样,要经历形成、成长、成熟、衰退这样的周期,即一种新产品从开始进入市场到被市场淘汰的整个过程。随后该理论又被扩展并应用到产业层面。产业生命周期表现的阶段性特征为:在形成期,企业数量少,技术不成熟,产品品种单一,市场规模狭小,产业利润微薄,但进入壁垒低,竞争程度较低。在成长期,大量厂商进入,产业内部集中程度低,生产技术日渐成熟和稳定,产品呈现多样化、差别化,市场规模增大,产业利润迅速增长,同样进入壁垒也较低,内部竞争程度较强,以价格竞争为主要竞争方式。在成熟期,产业集中程度高,技术较成熟,市场需求增速减缓,产业的利润此时已达到高峰,进入壁垒高,主要体现为规模壁垒,竞争手段转向非价格手段,持续时间较长。成熟期是产业发展的稳定阶段。在衰退期,厂商数量和市场需求逐渐减少,利润降低,新产品和替代品大量出现,原有产业的竞争力下降。奥地利区域经济学家蒂奇(Tichy)借鉴弗农的产品生命周期理论,将生命周期理论用于对产业集群发展演化的研究。他将集群生命周期划分为诞生阶段、成长阶段、成熟阶段和衰退阶段。蒂奇认为注重价格竞争而忽略对专有技术和知识的学习、转化和创新并导致产品技术含量低是集群走向衰亡的原因。

总之,运用生命周期理论对文化创意产业集群发展过程展开分析,有助于揭示集群的形成—成长—成熟—衰退的发展过程,可以分析判断文化创意产业集群处于生命周期的哪一阶段,推测其

今后发展的趋势,正确把握集群的市场寿命;可以根据不同阶段的发展特点,采取相应的公共政策加以引导,增强文化创意企业竞争力,提高经济效益;可以延长文化创意产业集群的生命周期,帮助其持久稳定发展。

2.3.2　自组织理论:对集群发展机理的解释

自组织理论是在 20 世纪 40 年代所产生的系统论、信息论、控制论以及 60 年代产生的耗散结构理论、协同论和突变论等理论的基础上综合而成的以自组织现象、规律为研究对象的学说。换句话说,它到目前为止还没有形成统一的理论,而是由一组理论所构成。例如:普里高津创立的"耗散结构理论"、哈肯创立的"协同学理论"、托姆创立的"突变数学理论"、艾根等创立的"超循环理论"以及"分形理论"、"混沌理论"等。尽管这些理论的研究对象不同,但是都具有共同特征,即它们都是非线性的复杂系统或非线性的复杂的自组织形成过程。

"协同学理论"的创立者哈肯于 1976 年首先提出"自组织"的概念。他认为如果一个体系在获得空间的、时间的或功能的结构过程中,没有外界的特定干涉,我们便说该体系是自组织的。随后"耗散结构理论"的创立人普里高津及其同事在建立"耗散结构"理论和概念时也使用了"自组织"一词,并且用这个概念描述了那些自发出现或形成有序结构的过程。

自组织是自然界和社会经济系统长期演化选择和形成的进化方式。所谓自组织系统即指:无需外界特定指令而能自行组织、自行创生、自行演化,能够自主地从无序走向有序、形成有序结构的系统。而自组织系统的自组织能力又根源于自组织系统内部的结构、机制。自组织系统通常都包含着大量的元素和亚系统。这些元素和亚系统在环境作用的推动下彼此之间发生着复杂的非线性相互作用,又形成了某种反馈调节机制,于是元素和亚系统之间产生了彼此协同的、合作的、集体的运动。系统被有序化、组织化,成为有机整体,呈现出整体上的特性和功能。自组织理论提出一系列关于研究自组织系统或自组织过程的基本原理:开放性原理、非平衡性原理、非线性原理、反馈原理、不稳定性原理、支配原理、涨落原理、环境适应性原理,等等。利用这些原理可以对系统的自组织性或自组织过程进行判定,它们完整地给出了系统的自组织条件、机制、途径等判别的方法和依据。

本章小结

本章着重对文化创意产业集群的基本内涵和其演化所涉及的理论基础进行综述。鉴于目前对文化创意产业的内涵界定存在着不同观点,本章从多视角和国内外学者的不同观点出发,较为全面系统地反映了文化创意产业及其集群的概念、特征、分类等;同时对本书中所运用的生命周期理论和复杂系统的自组织理论进行简述。

第三章

文化创意产业集群的类型与生命周期分析

3.1 国外文化创意产业集群的类型

3.1.1 政府主导导向型文化创意产业集群

政府主导导向型文化创意产业集群就是通过制度传导机制，利用政策优惠、税收优惠、服务提供等政策工具，促使文化创意集聚区在城市衰败地区快速嵌入并高速发展。由于城市旧城改造、产业结构升级和城市功能空间转换与能级提升等需求，这种由政府通过创建文化和技术硬件设施，吸引创意人才入驻，从而发展创意集聚区的模式称为自上而下政府导向型集群发展模式。政府在创意集聚区的发展中的主导作用表现为两个方面：第一，创意产业集聚区酝酿初期，由政府选定有潜力的创意空间文化和技术空间，然后通过制度法案的形式确认创意集聚区的发展类型和目的，并按照创意集聚区发展的需要改造适合创意的环境和氛围，吸引创意人才发展创意产业；第二，当创意产业集聚区基本成形、初具规模时，通过政策引导、扶持，进一步确认创意集聚区的发展类型和方向，如文化区、传媒区、动漫区、广告设计区等。①

3.1.1.1 谢菲尔德文化产业集群

谢菲尔德文化产业集群占地 300000 平方米，大致呈三角形区

① 褚劲风：《创意产业集聚空间组织研究》，上海人民出版社，2009 年。

域。该集群位于谢菲尔德市政治与商业中心的东南面，步行至市中心仅需10分钟，离高速公路入网口较近，交通十分便利，地理位置优越。

谢菲尔德文化产业集群的成因基于以下两个方面：一是该地区具有较好的文化艺术氛围和传统。谢菲尔德市在美术、音乐、电影和音像制品等文化创意产业领域具有十分悠久的历史。20世纪70年代晚期谢菲尔德市内已经出现了一批先锋乐队，如"人类联盟合唱团"、"17号天堂"等。这些乐队利用废弃厂房作为创作基地，改变了当地的文化和经济生态，并创造了很好的经济效益。二是城市传统产业的衰败亟须新型产业更替。谢菲尔德是英国第五大城市，曾以"钢铁城市"著称。20世纪中期以后，钢铁业逐渐衰败，以致谢菲尔德繁华的老城区逐渐被废弃的厂房和破落的社区所包围。20世纪80年代该市工作岗位大量减少，经济增长停滞。为了创造新的经济增长点，谢菲尔德市议会认为必须使城市产业尽快转型。

(1) 集群形成阶段

谢菲尔德文化产业集群是在音乐界人士的共同倡议下由该市议会选择在音乐基础较好的市中心附近新建的一个文化产业集群(文化产业园)。在该集群建立初期，不少音乐人士对这一地区缺乏足够的音乐基础设施感到不满，因而向该市议会提出改善本地音乐产业相关设施的建议。为此，市议会以提供音乐产业相关设施为起点，以文化创意产业项目为抓手，以政府部门引导和积极参与为手段，在20世纪80年代对该地区进行了全面建设。谢菲尔德市议会制定了谢菲尔德市音乐产业发展战略，以提供价格低廉、数量充足、使用便利的音乐产业设施为基础，大致包括两方面的目标：一是为文化创意从业人员提供音乐制作所需的相关设施，如排练场地、录音设备和演出场所等；二是降低价格，使得资金相对缺乏的音乐人乐于使用这类设施。由谢菲尔德市政府建设并拥有的录音工作室——"红带"工作室(the Red Tape Studios)于1986年对外开放，该工作室向当地文化创意产业从业人员提供各种免费

的训练课程，并向规模较小的音乐公司和文化团体提供价格优惠的排练与录音设备以及场地。

谢菲尔德市议会实施了一项长达 10 年的改造计划，对该地区的闲置楼房和废弃厂房进行全面翻新或重建。其中“工作室”(the Workstation)项目与“陈列室”(the Showroom)项目对该产业园区的快速发展起着十分关键的作用。这是由市议会制定的以建筑改造为重点的两个项目，分别负责对谢菲尔德地区内两幢属于市议会的闲置建筑进行管理。市议会注册了一家名为“谢菲尔德媒体与展览中心有限公司”(Sheffield Media & Exhibition Centre Limited, SMEC)的附属机构(该公司关系图见图 3.1)，并通过其下属的发展机构“升降机”有限公司运作这两个项目。“升降机”有限公司的任务是为该地区内的音乐产业从业人员和相关的文化创意产业企业提供短期的廉租房，吸引音乐企业落户。公司以市场方式将“工作室”项目作为纯粹的商业企业项目经营，该项目致力于为文化创意产业租户提供各种福利性服务。与“工作室”项目不同，“陈列室”项目同时从谢菲尔德市艺术部门、英国电影委员会和约克郡与亨伯赛德郡艺术委员会处接受拨款，并建有“陈列室”电影院与“陈列室”咖啡馆等设施。通过这两个项目的实施，到 20 世纪 80 年代中期该地区已经有了明显的经济转型和复兴迹象。

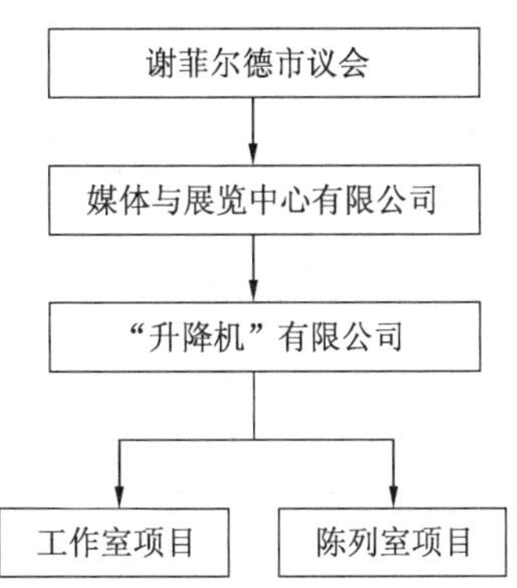

图 3.1　谢菲尔德媒体与展览中心有限公司关系图

(2) 集群发展阶段

至20世纪90年代中期，谢菲尔德市文化产业园区已逐渐成为名副其实的文化创意产业中心；进驻园区的文化创意产业企业包括纯艺术、摄影、电影制作、音乐制作、图形与产品设计等。丰富的文化创意产业资源吸引了大量文化创意人才流入。除了北面的谢菲尔德海兰姆大学，新建的商学院和北方媒体学院也迁入园区。谢菲尔德市议会的政策扶持成为集群快速发展的助推器。市议会于1998年发布了《谢菲尔德文化产业园区的使命与发展战略》和《谢菲尔德文化产业园区行动指南》两个文件，旨在解决园区内生活配套设施不全、产业机构过于单一的问题。文件极大地激励了私人部门对集群生活便利设施的投资。随着国家流行音乐中心、超大型酒吧和音乐直播馆等大型艺术场馆的相继建成，谢菲尔德音乐集群的知名度不断提升，国家音乐大会和国际纪录片电影节被吸引而来并落户该集群。当前谢菲尔德音乐集群已经集聚了300多家与电影、音乐、电视、设计、软件有关的企业，这些企业与外部地区如周边的谢菲尔德科技园保持着较好的合作关系，企业间的信任增强。在“工作室”项目中已经有70多家文化创意类企业入驻，其中包括海兰姆大学北方媒体学院等高校研发机构、社区媒体联盟和约克郡银幕委员会等协会组织以及图片设计工作室和许多电影制片公司等文化创意企业；这些组织部门相互交织在一起，合作和联系愈发密切，从而初步形成了一个较为完善的影视音乐媒体多产业融合的创意集群。2000年至今，谢菲尔德文化产业集群已进入新的发展阶段，成立了文化产业园区服务机构。它由一个从地方企业、海兰姆大学、谢菲尔德科学园以及市议会选出的非执行委员会组成，由一个小型的全职管理团队领导；它的目标是形成一个包括大量中小文化创意企业的创意产品生产基地、知识创造中心和国内外游客的旅游目的地。①

---

① 牛维麟:《国际文化创意产业园区发展研究报告》，中国人民大学出版社，2007年。

综上所述，谢菲尔德市政府部门在振兴文化产业集群的过程中起着极为有效的指导和参与作用。主要表现为以下两方面：一是对改造城市基础设施所需资金的引致性投资。对于园区内街道和建筑重建与翻新所需的巨额资金，市议会投资少部分，另外还使用诸如政府城市发展规划项目、城市挑战基金以及欧洲地区发展基金等公共投资，并带动私人部门的大量投资，使得在10年的时间中有3500万英镑投资注入该集群，从而极大地改善了集群发展的基础环境。二是通过降低企业运营成本的方式对其实施间接性扶持。政府将其拥有的"工作室"项目、"陈列室"项目、"红带"工作室等项目以十分低廉的价格租给各类文化创意企业使用，这为资金较为缺乏的创意企业提供了便利；这种扶持在创意企业成立初期显得尤为关键。

3.1.1.2　澳大利亚阿德莱德文化创意产业园区

阿德莱德是澳大利亚南澳洲首府，位于澳大利亚南部。阿德莱德西区是该市繁华的购物街区，但直至20世纪90年代该地区仍然充斥着大量低俗娱乐场所，治安状况不佳。政府部门为此十分担忧。基于此考虑，同时也是在南澳洲经济结构转型(由传统制造业向现代服务业转变)造成的经济下滑以及文化创意产业部门在全球范围内飞速发展的背景下，当地政府出台了旨在将阿德莱德西区转变为城市艺术区的"阿德莱德21号计划"。该计划对阿德莱德的未来发展确定了依靠高等教育部门的发展促使城市向知识经济转型，发展文化旅游业和文化创意产业、打造创意想象之城，改善当地交通环境以引进各种节日活动和公共艺术项目，实现城区功能的多元化和集中化等多项战略目标。

1997年，南澳洲大学西校区的艺术学院、建筑和设计学院迁入阿德莱德西区。为了给进入西区的学生们营造一个良好的社会环境，阿德莱德市议会发布了防止犯罪的报告并决定彻底改善当地的商业环境，以娱乐和公共艺术为主，实现土地和建筑的复合功能。1999年市议会又通过了《西区：艺术导向型的城市复兴计划》，并得到南澳洲政府和专门负责扶持乡村艺术活动的部门 Arts SA 的大力支持。这一计划旨在团结当地艺术家和艺术组织，共同发展阿德莱德西区的艺术和创意产业项目，以提升阿德莱德西区的品位，创造多元化的文化特色。1999—2002 年，阿德莱德地区迁入大量公共关系、设计与商业艺术公司，在当地还有一个年度艺术节。节日当天，阿德莱德西区所有商铺均会公开展示其艺术品，以营造当地浓郁的文化创意氛围。市议会同时还帮助对街区的基础设施进行全面更新，实施房屋租赁计划，减少西区的一般娱乐场所，积极鼓励对文化创意类企业的房屋租赁。在政府部门的支持下，当地的文化艺术组织也积极加入对西区的改造之中。至 20 世纪末，不断有知名的文化创意组织进入阿德莱德西区，同时每两年会在该地区举办一次阿德莱德艺术节，使得阿德莱德文化创意园区在世界的知名度不断提升。①

综上所述，阿德莱德政府对当地发展目标的正确谋划、对当地租户的有效管理、对艺术组织有选择的迁建以及大力扶持是阿德莱德西区最终发展成为一个成功的文化创意产业集群的极为重要的因素。

3.1.2 市场需求自发型文化创意产业集群

市场需求自发型文化创意产业集群是一般以市场对创意产品或服务的需求为动力，在一定区域内形成和发展的文化创意产业集聚区。由于其驱动力和成长方式是内生性的，因而其演化路径也可称为内生驱动型。这些内生性创意产业区的发展不仅与市场、文化、经济条件、城市空间、城市发展水平直接相关，还与经济全球化、区域化和技术条件的触动因素有关。由于新兴事物都是一些未经发展印证的新鲜事物，所以政府的政策激励起初支持不大；当其发展到一定程度时，市场高利润和社会高效应促使政府加以扶持。这种创意产业集聚区的形成是由市场、创意产业、创意人

---

① 牛维麟：《国际文化创意产业园区发展研究报告》，中国人民大学出版社，2007 年。

才和城市空间等阶段性因素发展起来的，并随市场需求的推动而向前演进。一旦市场具有创意产品和服务的需求，就会吸引研发人才和艺术人才等来此创业。研发人才主要集聚在技术创新源地，比如大学和科研院所，从而形成高新技术型创意产业集聚区；而艺术人才则更多地被有文化底蕴的低廉老厂房和老仓库等旧城区所吸引，从而形成各种艺术设计型创意产业集聚区。这种集聚区是自下而上的一种发展路径。①

3.1.2.1　美国洛杉矶好莱坞影视产业集群

(1) 集群形成阶段

好莱坞是离美国大城市洛杉矶十几公里远的一个小镇。1907年美国导演弗朗西斯·伯杰斯(Francis Burgess)在此拍摄了好莱坞第一部影片《基督山伯爵》。由于好莱坞拥有良好的自然风光和区位条件，影片播出后拍摄地所展现的取景优美、光线充足以及气候宜人，吸引了美国国内影视界的关注。1909年美国著名电影制作人格瑞菲斯(Griffith)以好莱坞为背景拍摄了一批影片。在这些电影产业中拥有较大影响力的人物的引导下，从1912年开始，美国国内许多电影公司纷纷从东部的纽约来到西部的好莱坞落户。到20世纪20年代末为止，好莱坞地区已经形成了以MGM、Paramount、20th Century Fox、RKO等八大影片公司为主的电影集聚区，自此好莱坞电影产业集群初步形成。

(2) 集群发展阶段

从20世纪20年代发展至今，好莱坞电影集群经历了一些波折。新技术进步对电影产业的冲击，使得无声电影很快被有声电影取代，此时好莱坞电影产业获得了较快发展。随着美国从20世纪30年代经济危机中复苏，在洛克菲勒财团和摩根财团的支持下，获得强大资本投入的好莱坞制片公司开始加速发展，此间创作了一批家喻户晓的经典作品；但由于20世纪50年代美国国内政治

① 褚劲风：《创意产业集聚空间组织研究》，上海人民出版社，2009年。

因素对电影产业的巨大冲击，繁荣的电影产业很快进入衰退期；至20世纪80年代好莱坞电影产业开始复苏，好莱坞电影体系逐渐趋于完善。当前好莱坞电影产业集群中的七家大型电影公司年度出品的影片数量已经占到全美电影年度总产量的60%～70%。好莱坞在国际电影市场的占有率为85%，而且尽管美国电影产量仅占全球电影产量的7%，但它占据了全球影院总放映时间的50%以上。据测算，好莱坞制作的影片平均拍摄成本为5150万美元，美国大片的生产和推销成本约为7800万美元，其用于市场促销的资金高达2500万美元。可以说，好莱坞电影产业的成功很大程度上源自娴熟的市场营销手段。

好莱坞电影集群的发展催生了成熟的电影产业市场运作制度，主要体现为制片人制度和明星制两个方面。制片人制度建立于20世纪30年代，该制度以制片人专权为特征，由其对影片中每个镜头做出详细规定和说明，然后组织导演对照分镜头剧本拍摄片段，并在拍摄结束后进行剪辑合成。此时电影制作已被划分为分工精细的工业化生产流程，最后仍由制片人对电影作品的市场销售负责。在此前提下，制片人为迎合人们的喜好、满足市场需求，采用依靠明星出演的营销手法，将这些作品推向市场。当前好莱坞电影集群依然在采用由大牌导演执导和明星演员出演的大投入和高制作成本的营销模式进行着美国式大片的创作，取得了可观的经济收益并正在迅速占领全球市场；该制度已逐渐为世界各国电影行业所接受。①

3.1.2.2　日本东京动漫产业集群

(1) 集群形成阶段

日本有“动漫王国”之称，东京因集中了日本78%的动漫企业而被称为“动漫之都”。日本动漫产业较早地聚集在东京发展，这与东京作为日本的政治、经济、文化中心的主体地位是紧密联系

① 牛维麟：《国际文化创意产业园区发展研究报告》，中国人民大学出版社，2007年。

的,并且这种趋势在20世纪后半叶变得更为明显。二战后的日本经济处于恢复与发展期。经过30年的发展,日本产业结构从纺织工业起步,历经重化工业、制造业阶段,进入以金融、商业、服务业为主导的阶段。这一阶段,国外的企业、银行等纷纷进入日本,"总部经济"的形态已经形成。1997年亚洲金融危机后,东京的第三产业内部结构得到进一步调整,与文化相关的产业迅速发展。一些学者借鉴欧洲旧城改造与复兴的做法,提出了创意城市的发展思路。东京作为日本经济文化中心,有着得天独厚发展文化产业的优势,直接影响动漫产业的集聚发展。东京集中了众多大小不一的出版机构,集中了音像制品制造商、电视台、电影发行公司,以及玩具生产商等动漫制片委员会的成员、文化机构、行业协会、动漫企业、营销推广机构共同构成了动漫产业的空间组织。东京吸引动漫产业的另一重要原因在于东京在日本甚至整个亚洲地区有很强的演绎故事的传统。东京有4000多家出版企业,约有200多家是动漫的主要出版商。卡通画家集聚在东京的一个原因也是由于出版社集中,因为卡通产业尚未完全融入国际劳动分工的体系,也没有完全采用计算机绘图,比较多地还是先由卡通作家提出故事梗概、勾勒卡通人物形象以及面板,然后找一些画手来共同完成这些图片的细节。而东京集中了一大批自由职业的画手,恰好满足这种需求。地理上的接近有利于较快地获得信息,这为吸引动漫企业的集中奠定了基础。

(2) 集群发展阶段

目前日本全国拥有动漫企业440家,359家位于东京,其中40%集中在东京的练马区和杉并区两个行政区;约有50家是日本主要动漫生产企业,其他的企业则是动漫产业链上承包商。东映动漫是日本最大的动漫制作商,占日本整个市场10%的营业额,它创建在练马区;因此,练马区被称作日本现代动漫的摇篮,目前集中了77家动漫企业。杉并区是位居第二位的、大量集中动漫企业的一个行政区,约有70家动漫企业。日本前6位的动漫制造商,占日本整个市场15%～18%的营业额。东京大部分的动漫企业是中小规模企业，30人以下的企业占了60%以上，年产值500亿日元以下的企业占半数以上。

经过几十年的发展，日本动漫产业链已由原先的单线状传统动漫产业链发展成现在的蜂窝状现代动漫产业网络。传统的日本动漫产业链以版权为核心，通过产业链上不同环节的传递，环环放大版权的价值。版权价值的增值环节分别为杂志连载、单行本和电影动画片。随着日本动漫产业的发展和市场日趋成熟，现代日本动漫产业也出现了新的多重交互性产业网络模式，即通过以电视动画片为中心，前向、后向和侧向都有密切的联系和互动，围绕一个成功的动漫形象可以组织起一个价值网络。

民族文化根植性和政府、行业协会组织的有效扶持是东京动漫产业快速发展的重要因素。日本文部省在2000年度《教育白皮书》中，首次将日本的漫画称作“日本的文化”。据调查，日本有87%的人喜欢漫画，有84%的人拥有与漫画人物形象相关的物品。目前，漫画出版业大约占全国出版销售总数的40%，占销售总额的20%。漫画成为日本通俗文化的基础，渗入了日本国民的社会生活。日本动漫产业的发展，正是以其在日本国内广泛的普及程度和坚实的根基为前提的。动漫是快节奏的生活环境中信息传播的媒介，因为它比文字文本更容易翻译、阅读。日本文化的单一性使得动漫作品容易被普及接受，同时日本动漫凭借形象的图画来叙述故事，轻易地打破不同国家语言的障碍，成为老少皆宜、雅俗共赏的时尚产品。在动漫产业集聚的过程中，日本政府对动漫产业实施支持和扶植政策，不但将动漫作为一项重要的出口产业，而且还将其作为一种独立的文化来培育，在政策、资金和组织上都给予极大帮助。动漫有严格的行业协会，且都有自律性的组织或机构；这些行业协会都是社团法人，负责制定行业规则，维护会员的合法权益。日本的动漫企业很看重行业协会，不仅积极参加，而且遵守

行规，这种非政府行为有力地推动了动漫产业的发展。①

3.1.3　自发与政府导向协同型文化创意产业集群

创意产业集聚初期是艺术家、设计师、工程师等创意人员自然的集中；当创意集聚区发展到一定阶段，社会对其创新功能和价值创造有了更多的认同时，开发商、投资商、管理者等社会力量就会更多地加盟创意集聚区的发展。这些不同行为主体从各自的利益出发，相互牵制又协同发展，促使创意集聚区发展类型和功能多样化，在集聚区形态上表现出多样性、概念化的特点和趋势。自发与政府导向协同型模式是一种多动力推动下市场和制度机制共同作用、多指向的模式。市场需求是引发政府推动的初始动力；政府或投资商选择创意空间以后，以项目管理方式招商引资，用艺术的标准改造或新建创意集聚区，以招标的方式吸引管理者来经营创意集聚区。一般来说，投资商大多就是管理商。管理者通过招租吸引特定的创意企业，使创意企业在创意集聚区内入驻并集聚发展而形成网络和创新效应。创意集聚区的发展又会促进新一轮的创意产品市场需求，反过来又赢得政府更多的关注和政策倾斜。总体而言，市场、政府、创意人才、投资者与管理者之间通过相互合作获得共赢：市场得到了开发，政府得到了税收，区域得到了发展，创意人才得到了创业的空间和平台，投资者和管理者得到了租金和投资回报②。

3.1.3.1　曼彻斯特北部音乐产业集群

20世纪40年代后的曼彻斯特和英国其他传统工业城市一样，出现了城市传统支柱产业（纺织业）衰落的现象；随之而来的是地区经济活力开始下降，企业数量和工作岗位大量减少，消费能力快速下降，以致该地区常住人口大量外流，这极大地影响了当地经济发展。尽管政府为该地提供了一些帮助，但依然不能挽回衰退的

① 褚劲风：《创意产业集聚空间组织研究》，上海人民出版社，2009年。

② 同①。

局面。

(1) 集群形成阶段

20 世纪 80 年代后期进入该地区的一批新企业(包括了一些潮流服饰店、酒吧、爵士乐俱乐部)和当地原有的企业在 90 年代初期成立了东岸协会(the Eastside Association);该协会自发地为曼彻斯特地区的发展提供贷款。这种民间的自发组织对曼彻斯特地区音乐产业集群的发展起着极为关键的作用。在其引导下,20 世纪 80 年代末,有着较好音乐文化氛围的曼彻斯特因拥有大量低廉租金的闲置楼房以及东岸协会提供的低息贷款成为许多流行和摇滚乐队的迁移目的地。一时间,曼彻斯特北部地区聚集了大量乐队,而乐队的兴盛又带动了当地录音工作室、音像制品店、流行音乐广播电台、设计工作室等大批配套企业的出现,从而形成了富有特色的俱乐部文化。而乐队的集聚又吸引了大量学生入读曼彻斯特的三所大学,其不但成为当地音乐产业的消费者,更成为该地区音乐产业发展的后继力量。

(2) 集群发展阶段

20 世纪 90 年代至今,曼彻斯特音乐产业集群在民间组织、政府部门的大力扶持和推动下,实现了快速发展。1993 年民间组织东岸协会更名为北部园区协会,其与曼彻斯特市议会共同制定了《曼彻斯特北部地区发展战略》;该发展战略提出组成一个由多方构成的共同联盟来执行计划,以便获得更多的支持资源。同时该计划还建立了一套完善的奖惩机制,激励发展商与当地业主均参与到该计划中。北部园区协会同时还发放了大量低息贷款引导产业集中,组织了一系列文化项目。曼彻斯特市政府尽管在该地产业集群发展过程中未起主导作用,但它所推行的放手鼓励政策较好地改善了创业环境(包括基础设施硬环境和文化创作的软环境),促使该地区企业能充分自由发展,这对音乐产业集群的发展起着较好的引导作用。例如曼彻斯特市政府制订了《企业补助计划》,该计划对迁入衰落地区的企业尤其是文化创意产业部门的自

有职业者发放额外补贴，从而使得该地区的音乐产业获得了相当大的扶持。又如2000年，曼彻斯特成立了文化产业发展服务会，该组织是一个企业需求导向型的政府机构，旨在为该地区的文化创意企业提供诸如信息咨询、毕业生安置、企业新建和扩张拨款等多项服务，以促进创意企业可持续发展。截至2002年，曼彻斯特北部音乐产业园区已拥有550多家企业和商铺，该园区已经发展成了曼彻斯特的购物、音乐、饮食、娱乐、时尚、生活和工作中心。①

3.1.3.2　加拿大不列颠哥伦比亚省（BC省）动画产业集群

（1）集群形成阶段

加拿大BC省是北美三大影视制作中心之一，该优势为BC省发展动画产业奠定了较好的产业基础。在20世纪80年代，BC省一些动画制作公司开始为美国的动漫创意公司提供设计图样、故事模板、动画配音和声音合成等多项配套服务。经过10多年的发展，这些公司制作技术不断提高，产品制作质量优良，开始与国外厂商合作制片。20世纪90年代末期，动画产业已经成为加拿大BC省重要的支柱——电影业中的经济增长新亮点。此时BC省动画产业制作的原创作品不断增加，而且许多作品的版权已为本地公司掌握或与欧美的动画公司共同拥有。当地公司对作品版权的控制成为集群快速发展的转折点。

（2）集群发展阶段

合作制片和本土制片成为集群企业制作动画作品的主要模式。合作制片是指作品的投资与利益由BC省当地动画制作公司与国外公司分担，而本土制片是指投资及制作的所有产权均为BC省本地动画公司所有，市场和销售均自行负责。2003年集群公司合作制片总收入为4.35亿加元。本土制片收入占游戏动画方面总收入的75%，占电脑动画方面总收入的50%。可见本土制片已在BC省动画产业中占有重要地位。

---

① 牛维麟：《国际文化创意产业园区发展研究报告》，中国人民大学出版社，2007年。

政府制定的扶持政策以及行业协会等中介组织的服务、协调助推集群快速发展。加拿大联邦政府和BC省政府通过多渠道为动画产业园区的公司提供资金，并通过设立非官方、独立核算的民间服务机构对资金流向进行控制。BC省政府对公共文化艺术领域和产业化的文化市场实行不同的鼓励和扶持政策。对于公共艺术领域的非商业动画制作采取资金申请与核准的办法，通过BC省艺术委员会、加拿大艺术委员会以及国家电影董事会等机构大力提供资金支持，鼓励艺术创新、探索和对外交流。对于实行产业化的动画制作，政府规定其除了享有BC省电影业的各项优惠政策之外，还通过BC省电影协会和电影署等半官方机构，在创意启动、资金筹措、制作加工、人才培养、税率优惠等方面得到相关信息服务和资金支持。BC省政府还积极为动画公司拓宽产业发展资金的融资渠道，例如通过加拿大联邦政府遗产部下属的加拿大影视基金会设立的加拿大新媒体基金为动画公司提供前期资金保障，通过当地电视播映机构预购播映权的形式向动画公司提供动画制作资金，以及通过中小企业培训委员会向中小动画公司提供员工职业培训的补偿资金。另外，BC省动画协会、BC省新媒体协会以及BC省动画制作商协会等行业中介组织吸纳了一批在本领域中的优秀人才和商界、教育机构、政府机构等各领域的人士加入，成为投资方、政府部门和动画制作者之间的重要信息渠道，并在向外推广本省的动画产业方面起着重要的纽带作用。①

3.2 文化创意产业集群生命周期各阶段分析

自然界中的任何生物都存在着从出生、成长、成熟直至衰亡的过程，人们称之为生命周期。在生命周期的每个阶段，生物都表现出了不同的特征和行为模式。当前许多学者已经将生命周期理论

① 牛维麟:《国际文化创意产业园区发展研究报告》，中国人民大学出版社，2007年。

运用于对企业和产业发展的研究。[①] 文化创意产业集群作为一种产业组织形态，是创意产业领域中众多相互关联的企业和机构形成的空间集聚体，它的发展演化同样也存在着一定的生命周期。从当前世界各国文化创意产业集群发展的实践来看，文化创意产业集群确实存在着一个类似于生命体的形成和演化过程。

文化创意产业集群的生命周期以集群内企业和机构的数量和质量为标志，以集群的形成期、成长期、成熟期以及衰退期的全过程为具体表现形式。文化创意产业集群本身是一个复杂系统，其生命周期并不是由单一因素决定的，而是该系统内（包括生产系统和其他各类辅助支撑系统）各类组成因素和系统外部因素共同作用的结果。

3.2.1　文化创意产业集群形成阶段

著名经济学家马歇尔在《经济学原理》一书中对产业地区性集聚的原因作出如下解释：知识与技能的传播共享（新思想、新主意的传播）、交易成本的节约以及规模经济和外部性。马歇尔在书中指出："从事需要技能的同行业的人，互相从邻近的地方得到的利益是很大的。行业的秘密不再成为秘密，而似乎是公开了，孩子们不知不觉地学到了许多秘密。如果一个人有了一种新思想，就为别人所采纳，并与别人的意见结合起来，因此，它就成为更新的思想之源泉。"[②]对文化创意产业而言，保障产业持久竞争力的关键在于促进新创意不断衍生，而在集群的环境下形成的知识网络和创意场域为新创意的萌发提供了前提条件。可见产业集群内新思想与新主意能得以快速传播的优势是文化创意产业需要走集聚发展之路的根本原因。

文化创意产业集群的萌芽通常源于当地传统产业的衰败、历

① 陶永宏：《基于共生理论的船舶产业集群形成机理与发展演变研究》，南京理工大学博士学位论文，2005 年。

② ［英］马歇尔：《经济学原理》，彭逸林，等译，商务印书馆，1997 年。

史悠久的文化传统、优良的自然资源环境以及较好的产业配套优势等诸多因素的积累。在文化创意产业集群的形成阶段,其通常是由一些规模较小且雇佣人员较少的文化创意企业组成。这些创意企业在规模、技术和人才等方面的异质性使得企业之间难以进行知识、创意等有用信息的交流,群内企业还没有建立完善的合作网络,即企业之间的网络联结度很低,因而企业知识的溢出和传播就无法产生。企业的知识获取路径仅靠企业自身的积累,集群内的集体学习机制缺失、组织学习能力较弱,同时创意产业集群内也缺乏科技中介组织等知识信息中心,以致集群的整体创新能力不强。同时创意企业间缺少互信,从而在产品的研发、创新过程中更多地表现为相互竞争,而不是相互合作;而且此时集群发展的外部环境还不完善,良好的制度政策效应还未显现,这使得企业行为更加竞争无序,此时该集群内企业间的竞争大于合作。而该阶段集群的低交易成本、集体创新、知识溢出等优势也并不明显,集群内外边界还不是很清晰,因此从严格意义上说这还不能称之为一个完整的产业集群。该阶段集群的演化会出现两个结果:一是由于政府的扶持政策不能到位以及企业间合作关系难以建立,集群效应无法显现,立足未稳的企业将会迁离该集群或是倒闭,从而使得还未成形的集群快速衰亡;二是由于政府对集群的有效引导和扶持措施,集群得以进入快速成长期。

3.2.2 文化创意产业集群成长阶段

文化创意产业集群成长阶段以文化创意企业从业人员数量有较快增长和创意企业的不断涌现为特征。随着政府对集群扶持政策的实施,企业发展环境得以不断完善,集群原有的文化创意企业得以快速发展,其又能吸引更多同类企业迁入集群。在这一过程中,企业之间互信不断加深,相互交流与合作不断增加,企业知识的溢出和传播得以实现,集群内企业获取知识的路径得以拓宽,根植于当地的知识网络开始形成,集群内的集体学习机制初步建立,集群学习能力逐渐增强,集群整体创新能力逐步提升。集群内的文化创意从业人员凭借其拥有的社会关系网络，吸引着更多的创意人才加入集群；这些人员作为知识和创意的载体，又将集群外的知识、信息带入集群，从而使得集群内外知识的交融萌生出更多的创新思维，以致集群内新知识和创意不断涌现、新企业不断衍生。伴随着集群的快速成长，为集群内创意企业提供各种服务的中介组织也开始集聚于集群内。此时包含着各类文化创意企业、各类中介服务组织、非政府机构以及政府管理机构的集群创新体系建立起来。集群内由于集聚着越来越多的文化创意企业和服务机构，因此充满了更多文化创意产业发展的核心重要信息。随着这些信息在集群内的流动，集群的生产效率不断提升，集群整体的市场竞争力不断增强，此时集群的边界也更加明晰，集群的低成本优势、知识溢出和集体学习与创新的优势也得以实现，集群核心能力得以迅速提升。

3.2.3　文化创意产业集群成熟阶段

文化创意产业集群在经历了快速成长阶段后，会逐步放慢增长速度，进入一个相对比较稳定的发展时期，一般称之为集群成熟阶段或是集群发展的稳定期。集群成熟阶段是其快速成长阶段的延伸，而在成长阶段逐步建立起来的各类配套基础设施以及群内集聚的大量的创意人才和企业，为集群在成熟阶段进行知识创新奠定了坚实的基础。此时群内各企业已建立了良好的互信与合作关系，植根于当地的生产协作网络实现了良性循环。同时企业之间、企业与中介组织之间的信息和资源能得以迅速流动，群内企业间的网络联结度和配套度保持在一个较高的水平；企业知识的溢出和传播机制不断完善，群内企业获取知识的路径得以进一步拓宽，集群内所建立的集体学习机制已成为企业获得知识和新思维的重要方式，集群此时拥有较高的学习创新能力；集群内各类组织机构已构建成一个网络状的生态结构，形成了一种具有复杂性的创新网络。至此文化创意产业集群步入相对稳定发展的成熟期。该阶段集群的演化将可能会出现两个方向：一是集群以及集群产品信誉度迅速提高，品牌作用显现，集群成员参与国际市场竞争并占有领先的市场份额，产业集群核心能力和市场竞争力进一步巩固，企业保持着较强的创新能力，集群成熟阶段继续得以延续；二是集群内成员企业更多地依赖于与群内其他企业之间所建立的良好合作关系以维护自身在集群中的有利位置，较少关注企业新的发展机会，从而使企业的创新意识淡化，竞争压力逐渐丧失，逐步产生了“路径依赖”，尽管该时期集群仍然有较为平缓的增长，但创新能力的不断减弱使得集群增长乏力，以致缓慢走向衰落。

3.2.4 文化创意产业集群衰退阶段

文化创意产业集群经过较长一段时间的发展会出现以下问题：群内各类组织的增加使得创意企业的生产成本（劳动力价格和土地价格）大幅上涨，由于群内市场拥挤和竞争使得生产协作网络的维护成本不断增加，以及企业创新能力减弱后导致的惰性和僵化现象即“路径锁定”，这些问题逐渐成为集群增长的巨大阻力，促使集群走向衰退。在集群衰退阶段，一些企业的迁移或破产，导致集群创新网络中节点数目减少，从而企业创新产品的机会也相应减少；而企业对内部创新路径的依赖导致其创新能力进一步降低，这反过来又使得集群对外部资源的吸引力逐渐减弱，对集群外部创新资源利用程度降低，集群科技创新资源总量开始减少。同其他阶段相比，该阶段集群企业的创新活力明显降低，创新意识减弱，企业对创新活动的重视程度和投入降低，集群内部的知识溢出、知识共享和知识创新减少，集群的学习能力降低，出现衰退现象。①

---

① 王宏起，王雪原：《基于高新技术产业集群生命周期的科技计划支持策略》，《科研管理》，2008 年第 3 期。

3.3　文化创意产业集群演化的稳定性分析

学者贾明江[①]利用种群相互作用模型分析了企业之间的竞争、合作对集群发展趋势的影响。学者董晓慧等[②]针对不同生命周期阶段的企业集群价值网的不同形态分别建立了反映其收益增长规律的 Logistic 模型，并对其稳定性进行分析。尽管文化创意产业集群有其特有的发展规律，但其依然有着集群形成、成长、成熟、衰退的生命阶段。由于我国的文化创意产业集群仍处于形成阶段，集群今后的发展依然受众多不确定因素的影响，因而对其生命周期中每个阶段的稳定性进行分析显得十分必要。为此，本书运用种群相互作用的 Kolmogorov 模型对文化创意产业集群演化各阶段的稳定性进行分析。

3.3.1　条件假设与说明

(1) 假设集群中存在两家文化创意企业，分别用 $x_1(t)$ 和 $x_2(t)$ 表示它们在 t 时刻的收益。

(2) N_1 和 N_2 表示企业 1 和企业 2 在相互独立、各种要素禀赋一定的情况下，两家企业收益的最大值。

(3) r_1 和 r_2 分别表示企业所在行业收益的平均增长率。

3.3.2　Logistic 模型构建

引入生物学中的 Logistic 模型来描述经济现象中企业收益的增长变化规律，则有：

$$\frac{\mathrm{d}x(t)}{\mathrm{d}t}=rx\left(1-\frac{x}{N}\right) \tag{3-1}$$

当 $x=N$ 时，$\frac{\mathrm{d}x(t)}{\mathrm{d}t}=0$，也即 $x(t)=N$ 是创意企业的最大收益

① 贾明江:《企业集群演化的行为特征研究》，西南交通大学博士学位论文，2006 年。

② 董晓慧，赵韩:《基于生命周期的企业集群价值网稳定性分析》，《价值工程》，2009 年第 7 期。

规模，是一个稳定平衡点。由此，可得出企业 1 和企业 2 收益增长的 Logistic 方程组：

$$\begin{cases}\dfrac{\mathrm{d}x_1(t)}{\mathrm{d}t}=r_1x_1\left(1-\dfrac{x_1}{N_1}\right)\\[2ex]\dfrac{\mathrm{d}x_2(t)}{\mathrm{d}t}=r_2x_2\left(1-\dfrac{x_2}{N_2}\right)\end{cases}\tag{3-2}$$

其中，$\dfrac{x_1}{N_1}$，$\dfrac{x_2}{N_2}$分别表示企业 1、企业 2 的收益各自占能够实现的最大收益的比例，称为自然增长饱和度；$\left(1-\dfrac{x_1}{N_1}\right)$和$\left(1-\dfrac{x_2}{N_2}\right)$分别表示企业 1 和企业 2 的收益尚未实现的部分占收益最大值的比重，即实现的增长空间，反映既定约束条件下自然增长饱和度对企业收益增长率的阻滞作用。根据现实经济含义，有 $r_1>0$，$r_2>0$，$N_1>0$，$N_2>0$。接下来本书将运用该方程对文化创意产业集群生命周期各阶段进行稳定性分析。从文化创意产业集群演化的各阶段特征中可以看出，虽然在集群发展的各个阶段都是企业的竞争与合作关系共存的，但在集群的形成和衰退阶段，企业间的竞争行为多于相互之间的合作；而在集群的成长和成熟阶段情况则相反。因此，在集群形成和衰退期使用集群企业的相互竞争模型，而在集群成长和成熟期则使用集群企业的相互依存模型。

3.3.3 集群企业的相互竞争模型

3.3.3.1 集群形成阶段稳定性分析

在创意产业集群的最初形成阶段，由于企业之间缺乏信任与合作，因而在集群内它们的行为更多地表现为对各种要素资源的竞争，该阶段应使用集群企业相互竞争模型。在该情况下，企业 1 和企业 2 的共生模型为

$$\begin{cases}\dfrac{\mathrm{d}x_1(t)}{\mathrm{d}t}=r_1x_1\left(1-\alpha_1\dfrac{x_2}{N_2}-\dfrac{x_1}{N_1}\right)\\[2ex]\dfrac{\mathrm{d}x_2(t)}{\mathrm{d}t}=r_2x_2\left(1-\alpha_2\dfrac{x_1}{N_1}-\dfrac{x_2}{N_2}\right)\end{cases}\tag{3-3}$$

在方程组(3-3)中，当两个企业在同一集群中生存时，企业 2 消耗同一种资源会对企业 1 的增长产生影响。因此需在因子 $\left(1-\frac{x_1}{N_1}\right)$ 中再减去一项。α_1 表示企业 2 的自然增长饱和度对企业 1 收益增长的贡献。α_1 值越大，表示企业 2 对企业 1 在资源配置上的竞争威胁越大。α_2 值同理。

将方程组(3-3)转换为以下方程组：

$$\begin{cases}\dfrac{\mathrm{d}x_1(t)}{\mathrm{d}t}=r_1x_1\left(1-\alpha_1\dfrac{x_2}{N_2}-\dfrac{x_1}{N_1}\right)=0\\[2ex]\dfrac{\mathrm{d}x_2(t)}{\mathrm{d}t}=r_1x_1\left(1-\alpha_2\dfrac{x_1}{N_1}-\dfrac{x_2}{N_2}\right)=0\end{cases}\tag{3-4}$$

求解方程组(3-4)，可得到两个平衡点：$E_1\left(\frac{N_1(1-\alpha_1)}{1-\alpha_1\alpha_2},\frac{N_2(1-\alpha_2)}{1-\alpha_1\alpha_2}\right)$ 和 $E_2(0,0)$。

当 $x_1>0$，$x_2>0$，即 $\frac{N_1(1-\alpha_1)}{1-\alpha_1\alpha_2}>0$，$\frac{N_2(1-\alpha_2)}{1-\alpha_1\alpha_2}>0$ 时，企业 1 和企业 2 共生。所以，两个企业共生的一个条件是 $\alpha_1\alpha_2<1$。

平衡点的稳定性分析如下：

对于非线性系统而言，在均衡点附近的线性系统即为该非线性系统在均衡点的一阶泰勒展开，取其一次项可得：

$$\begin{cases}\dfrac{\mathrm{d}x_1(t)}{\mathrm{d}t}=r_1\left(1-\dfrac{2x_1}{N_1}-\alpha_2\dfrac{x_2}{N_2}\right)(x_1-x_1^*)-r_1\alpha_1\dfrac{x_1}{N_1}(x_2-x_2^*)\\[2ex]\dfrac{\mathrm{d}x_2(t)}{\mathrm{d}t}=r_2\left(1-\dfrac{2x_2}{N_2}-\alpha_2\dfrac{x_1}{N_1}\right)(x_2-x_2^*)-r_2\alpha_2\dfrac{x_2}{N_2}(x_1-x_1^*)\end{cases}$$

相对应的系数矩阵记为 $\boldsymbol{B}$，则：

$$\boldsymbol{B}=\begin{bmatrix}r_1\left(1-\dfrac{2x_1}{N_1}-\alpha_1\dfrac{x_2}{N_2}\right) & -r_1\alpha_1\dfrac{x_1}{N_1}\\[2ex] -r_2\alpha_2\dfrac{x_2}{N_2} & r_2\left(1-\dfrac{2x_2}{N_2}-\alpha_2\dfrac{x_1}{N_1}\right)\end{bmatrix}$$

把平衡点 E_1 和 E_2 代入 $\boldsymbol{B}$ 中，根据微分方程稳定性理论的判定方法①，可得 $E_2(0,0)$ 为不稳定点，而 E_1 为平衡稳定点的条件是：$\alpha_1\alpha_2<1$，在竞争企业 1 的资源中企业 2 较弱，在竞争企业 2 的资源中企业 1 较弱，这样集群中的企业才能够稳定共存。

3.3.3.2　集群衰退阶段稳定性分析

如果因知识产权制度的缺失而导致企业核心竞争能力的转移和丧失，同时由于集群规模的扩大而导致产生企业组织文化的凝滞和创新意识的减弱，则这些诱因会直接引发集群走向衰退，从而致使其收益水平呈现负增长，即可表示为：

$$\frac{\mathrm{d}x_1(t)}{\mathrm{d}t}=-r_1x_1,\frac{\mathrm{d}x_2(t)}{\mathrm{d}t}=-r_2x_2$$

此时，企业 1 和企业 2 的 Logistic 收益增长规律为：

$$\begin{cases}\dfrac{\mathrm{d}x_1(t)}{\mathrm{d}t}=r_1x_1\left(-1-\alpha_1\dfrac{x_2}{N_2}-\dfrac{x_1}{N_1}\right)\\\dfrac{\mathrm{d}x_2(t)}{\mathrm{d}t}=r_2x_2\left(-1-\alpha_2\dfrac{x_1}{N_1}-\dfrac{x_2}{N_2}\right)\end{cases}\tag{3-5}$$

将方程组(3-5)转换为以下方程组：

$$\begin{cases}\dfrac{\mathrm{d}x_1(t)}{\mathrm{d}t}=r_1x_1\left(-1-\alpha_1\dfrac{x_2}{N_2}-\dfrac{x_1}{N_1}\right)=0\\\dfrac{\mathrm{d}x_2(t)}{\mathrm{d}t}=r_2x_2\left(-1-\alpha_2\dfrac{x_1}{N_1}-\dfrac{x_2}{N_2}\right)=0\end{cases}\tag{3-6}$$

企业共生稳定点的解如下：

求解方程组(3-6)，可得到两个平衡点，$E_1\left(\dfrac{N_1(1-\alpha_1)}{\alpha_1\alpha_2-1},\dfrac{N_2(1-\alpha_2)}{\alpha_1\alpha_2-1}\right)$ 和 $E_2(0,0)$。

平衡点的稳定性分析如下：

对微分方程组(3-6)进行一阶泰勒展开，取其一次项可得：

① 刘承平：《数学建模方法》，高等教育出版社，2002 年。

$$\begin{cases}\dfrac{\mathrm{d}x_1(t)}{\mathrm{d}t}=r_1\left(-1-\alpha_1\dfrac{x_2}{N_2}-\dfrac{2x_1}{N_1}\right)(x_1-x_1^*)+r_1\alpha_1\dfrac{x_1}{N_1}(x_2-x_2^*)\\ \dfrac{\mathrm{d}x_2(t)}{\mathrm{d}t}=r_2\left(-1-\alpha_2\dfrac{x_1}{N_1}-\dfrac{2x_2}{N_2}\right)(x_2-x_2^*)+r_2\alpha_2\dfrac{x_2}{N_2}(x_1-x_1^*)\end{cases}$$

将上述方程组对应的系数矩阵记为 **B**，则：

$$\boldsymbol{B}=\begin{bmatrix}r_1\left(-1-\alpha_1\dfrac{x_2}{N_2}-\dfrac{2x_1}{N_1}\right) & r_1\alpha_1\dfrac{x_1}{N_1}\\ r_2\alpha_2\dfrac{x_2}{N_2} & r_2\left(-1-\alpha_2\dfrac{x_1}{N_1}-\dfrac{2x_2}{N_2}\right)\end{bmatrix}$$

把平衡点 E_1 和 E_2 代入 **B** 中，根据微分方程稳定性理论的判定方法，可得平衡点 E_1 为稳定点的条件是 $\alpha_1\alpha_2>1$，根据企业 1 和企业 2 的对称性，稳定条件可写为 $\alpha_1>1$，$\alpha_2>1$，该含义为在竞争企业 1 的资源中企业 2 较强，在竞争企业 2 的资源中企业 1 较强。因而，E_1 点为不稳定平衡点，即集群最终走向衰退。

3.3.4　集群企业的相互依存模型

随着文化创意企业的不断迁入，集群逐步进入成长阶段。此时集群内企业之间合作协调机制逐步建立，企业之间由最初的不信任向信任与合作方向转化，从而企业间的联系变得越来越频繁，资源、技术、信息等的共享程度逐渐增强，企业之间经济活动行为体现为竞争与合作并存。随着信任度的增加，合作行为占据的比例越来越大，从而集群开始形成比较稳固的组织结构，企业间的共生性不断增强。此阶段特征可用集群内企业相互依存模型进行概括。从而企业 1 和企业 2 的共生模型为：

$$\begin{cases}\dfrac{\mathrm{d}x_1(t)}{\mathrm{d}t}=r_1x_1\left(1+\alpha_1\dfrac{x_2}{N_2}-\dfrac{x_1}{N_1}\right)\\ \dfrac{\mathrm{d}x_2(t)}{\mathrm{d}t}=r_2x_2\left(1+\alpha_2\dfrac{x_1}{N_1}-\dfrac{x_2}{N_2}\right)\end{cases}\tag{3-7}$$

将式(3-7)转换为以下方程组：

$$\begin{cases}\dfrac{\mathrm{d}x_1(t)}{\mathrm{d}t}=r_1x_1\left(1+\alpha_1\dfrac{x_2}{N_2}-\dfrac{x_1}{N_1}\right)=0\\[2ex]\dfrac{\mathrm{d}x_2(t)}{\mathrm{d}t}=r_2x_2\left(1+\alpha_2\dfrac{x_1}{N_1}-\dfrac{x_2}{N_2}\right)=0\end{cases}\tag{3-8}$$

企业共生稳定点的解如下：

求解方程组(3-8)，可得到两个平衡点：$E_1\left(\dfrac{N_1(1+\alpha_1)}{1-\alpha_1\alpha_2},\dfrac{N_2(1+\alpha_2)}{1-\alpha_1\alpha_2}\right)$和 $E_2(0,0)$。

当 $x_1>0$ 且 $x_2>0$ 时，即$\dfrac{N_1(1+\alpha_1)}{1-\alpha_1\alpha_2}>0$，$\dfrac{N_2(1+\alpha_2)}{1-\alpha_1\alpha_2}>0$ 时，企业 1 和企业 2 共生。所以，两个企业共生的条件是 $\alpha_1\alpha_2<1$。

均衡点的稳定性分析如下：

对微分方程组(3-8)进行一阶泰勒展开，取其一次项可得：

$$\begin{cases}\dfrac{\mathrm{d}x_1(t)}{\mathrm{d}t}=r_1\left(1+\alpha_1\dfrac{x_2}{N_2}-2\dfrac{x_1}{N_1}\right)(x_1-x_1^*)+r_1\alpha_1\dfrac{x_1}{N_1}(x_2-x_2^*)\\[2ex]\dfrac{\mathrm{d}x_2(t)}{\mathrm{d}t}=r_2\left(1+\alpha_2\dfrac{x_1}{N_1}-2\dfrac{x_2}{N_2}\right)(x_2-x_2^*)+r_2\alpha_2\dfrac{x_2}{N_2}(x_1-x_1^*)\end{cases}\tag{3-9}$$

将方程组(3-9)对应的系数矩阵记为 $\boldsymbol{B}$，则：

$$\boldsymbol{B}=\begin{bmatrix}r_1\left(1+\alpha_1\dfrac{x_2}{N_2}-\dfrac{2x_1}{N_1}\right) & r_1\alpha_1\dfrac{x_1}{N_1}\\[2ex] r_2\alpha_2\dfrac{x_2}{N_2} & r_2\left(1+\alpha_2\dfrac{x_1}{N_1}-\dfrac{2x_2}{N_2}\right)\end{bmatrix}$$

把平衡点 E_1 和 E_2 代入 $\boldsymbol{B}$ 中，根据微分方程稳定性理论的判定方法，可得 $E_2(0,0)$为不稳定点，而 E_1 为平衡稳定点的条件是 $a_1\alpha_2<1$。

在稳定平衡点 E_1，企业 1 和企业 2 的收益分别为$\dfrac{N_1(1+\alpha_1)}{1-\alpha_1\alpha_2}>N_1$ 和$\dfrac{N_2(1+\alpha_2)}{1-\alpha_1\alpha_2}>N_2$，也就是说，在此阶段，企业 1 和企业 2 因为

双方的信任和合作产生了比独自经营更高的收益。该收益源于集群内企业间专业化分工程度的不断提高以及知识溢出的不断扩大——文化创意产业集群内出现了规模经济，并且企业创意人才之间的交流和启发使得文化创意企业的创新成本不断降低，创新收益因而不断提高。此阶段的文化创意产业集群形成了较为稳定的共生组织关系，集群具有了较好的竞争优势，各文化创意企业从合作中获得了更多收益。但如果在该阶段，集群内企业不注重自身核心能力的知识产权保护，则会出现企业核心能力的转移和丧失，从而导致企业竞争力下降。随着该问题在集群企业中的扩散，同时还存在着因成长期集群扩大而产生的路径依赖和惯性以及企业间的协调、学习和创新成本的增加，这些都极易导致集群整体竞争力丧失，从而走向衰退。因而文化创意产业集群在该阶段（尤其是步入成熟阶段后）更应注重对企业核心知识产权的保护，以保护企业核心竞争力。同时应建立有效的协调机制，促使集群内企业继续保持合作；在降低企业运营成本的同时提高创新能力，并能够开拓更多的企业创新路径，从而遏制集群内企业创新意识下降、惰性增加和因循守旧思维的产生，以延长集群成熟期，延缓集群衰退。

本章小结

本章归纳了发达国家文化创意产业集群发展的三种类型，即政府主导导向型创意产业集群、市场需求自发型文化创意产业集群以及自发与政府导向协同型文化创意产业集群。同时本章对文化创意产业集群的生命周期各阶段的特征进行了阐述，并认为集群演化的过程实质是集群企业之间共生关系的反映。通过引入Logistic 模型，将集群生命周期的四个阶段划分为种群相互依存和种群相互竞争的关系，运用种群相互作用的 Kolmogorov 模型对文化创意产业集群演化各阶段的稳定性进行分析。

第四章

文化创意产业集群的发展机理分析

4.1 文化创意产业集群演化的复杂性特征

到目前为止，学术界对复杂性还没有一个统一的严格定义。由于不同学科领域的研究对象和研究方法不同，复杂性概念的定义也不尽相同。学者苗东升认为，复杂性作为现代科学中最复杂的概念之一，没有统一标准的定义是正常的；应该允许不同意义下的复杂性含义，多样性和差异性正是复杂性固有的内涵。[①]

我国著名经济学家成思危认为系统的复杂性主要表现在以下几个方面：① 系统各单元之间的联系广泛而紧密，构成一个网络。因此每一单元的变化都会受到其他单元变化的影响，并会引起其他单元的变化。② 系统具有多层次、多功能的结构，每一个层次成为构筑其上一层次的单元，同时也有助于系统的某一功能的实现。③ 系统在发展过程中能够不断地学习并对其层次结构与功能结构进行重组及完善。④ 系统是开放的，它与环境有密切的联系，能与环境相互作用，并能不断向更好地适应环境的方向发展变化。⑤ 系统是动态的，它处于不断的发展变化之中，而且系统本身对未来的发展变化有一定的预测能力。[②]

---

① 苗东升：《论复杂性》，《自然辩证法通讯》，2000 年第 6 期。

② 成思危：《复杂性科学探索论文集》，民主与建设出版社，1999 年。

从上述对系统复杂性的表述来看，可认为复杂性是组织的属性而不是个体固有的属性，它来自复杂系统内各个部分之间的非线性交互作用产生的自组织和适应能力。它强调过程与变迁、经济主体的多层组织结构、主体结构决定其功能、分布式控制与信息处理以及新生现象及其自组织特性。

而产业集群实际上是一种复杂适应系统（Complex Adaptive System，简称 CAS）。它的演化过程实质上是集群系统自组织并不断有涌现产生的过程。它具有如下的复杂系统特性：

（1）系统性和整体性。集群是由其构成要素组成的有机系统整体，各要素间均存在复杂的非线性关系；各系统间、不同层次之间相互关联、相互制约，具有复杂的非线性作用。从哲学视角看，复杂性是系统跨越层次之间的相互作用。

（2）多层结构。集群由诸多子系统组成，具有多层次、多功能的结构；每个子系统有相对独立的结构、功能和作用。

（3）开放性。集群是一个开放系统，它与外部环境保持着联系并与其互动。集群体现出一种非线性的相互作用，它与环境之间保持着物质、能量和信息的交换。

（4）自组织性。集群具有复杂系统的自组织特征，即无需外界特定指令而自行组织和演化，自主地从无序走向有序，形成系统结构。

（5）涌现性。涌现是集群这种复杂系统自组织过程中出现的新的、协同的结构、模式和性质，出现在系统的宏观层次上，是系统整体具有而部分不具有的、全新的现象。由于集群内企业不完全由系统内部条件决定和其不可完全预测性，他们的行为具有显著的涌现性。

（6）自适应性。企业集群作为复杂适应系统的适应性体现在：一方面，作为集群主体的企业之间的联系十分紧密，在知识呈加速度发展且技术日趋复杂的情况下，主体在新产品开发中需要优势互补才能更好地发挥自身的创新能力；另一方面，企业集群与外部环境之间也同样存在着相互适应——当外部环境发生变化时，集群企业能够及时响应，研究和掌握行业先进的核心技术，以更快的速度推出满足顾客快速变化需求的产品。

文化创意产业集群中的企业、科研机构和中介组织都具有感知和反应能力，具有目的性和主动性，能够与外部环境及其他主体随即进行交互作用，自动调整自身状态以适应环境，或与其他主体进行合作与竞争，争取自身的生存和利益最大化。① 正是这些非线性的相互作用使得文化创意产业集群这个经济系统成为具有自组织特性的复杂适应系统即CAS。也就是说，集群的自组织特征是文化创意产业集群这个复杂适应系统的重要特性。

文化创意产业集群内每个企业与其他关联企业相互作用的自组织行为使其改善了自身的外部环境，并产生了因互相合作而带来的额外收益。集群因此可以发挥系统的总体功能大于各个组成部分之和的作用，而且系统的属性、特征、行为等与企业个体的不同。这就是文化创意企业集群的涌现性特征。

4.1.1 文化创意产业集群的自组织特征

自组织理论是20世纪60年代开始建立并发展起来的一种系统理论。它是吸取了耗散结构论、协同论、超循环理论、混沌理论、分形理论、突变论等理论成果而形成的。自组织理论的基本含义是一个系统只有在开放、远离平衡和内部不同要素或子系统之间存在非线性相互作用的条件下，通过涨落放大才可能以自组织的方式，从混沌转变为有序，或者从低级有序发展为高级有序。这种在远离平衡的非线性区形成的新的、稳定的宏观有序结构，需要与外界不断交换物质或能量才能维持。由此可以看出自组织理论的本质特征是：

（1）系统的开放性。只有充分开放才能驱使系统远离平衡状态。

（2）系统远离平衡态。处于平衡状态和近平衡状态的系统都不会自发向有序发展。

---

① 许国志：《系统科学》，上海科技教育出版社，2000年。

（3）系统内的非线性机制，使得在平衡系统角度的破坏性因素因正反馈作用恰成为系统演化的建设性因素。

（4）系统的涨落作用是驱动系统内原来的稳定分支演化到耗散结构分支的原始推动力。作为一种由众多具有分工合作关系的文化创意企业和与其发展有关的各种机构、组织等行为主体通过纵横交错的网络关系紧密联系在一起的空间集聚体，文化创意产业集群的演化过程具有明显的自组织特征。①

4.1.1.1 文化创意产业集群的系统开放性

根据普里高津的耗散结构理论，系统从无序转变为有序，或者从低级的有序发展为更高级的有序，前提是系统具有开放性。也就是说，开放是系统耗散结构得以形成、维持和发展的首要条件。热力学第二定律指出孤立系统的熵不可能减少。对于一个孤立的系统，其演化结果必然是达到"熵"最大的平衡态。这里的"熵"是一个专门度量"系统内部无序和混乱程度"的概念。当"熵"值达到极大时，系统就会达到最无序的平衡态，变成"死"结构；而当熵值降低时，表明系统处于进化过程。熵值的降低只有通过系统对外开放以从外部吸收信息、知识等负熵流，抵消系统内部熵值的增加，实现系统总熵值的减少，才能使系统进入相对有序的状态，形成自组织有序的耗散结构。只有集群系统的规则和有效复杂性与集群以外的环境系统之间保持一种持续的信息交换的发生，调节个体企业和社会经济系统有序化发展的规则才能具有自身变革的力量，有效复杂性才能逐步地得以积累。②

文化创意产业集群是在开放性的基础上发展演化的，因而在那些开放度较高的国际化都市通常有着较为发达的文化创意产业集群或集聚区。这些集群具有很强的包容性，不断从集群外部吸

---

① 吕挺琳：《自组织视角下文化产业集群的优越性与演进》，《经济经纬》，2008年第6期。

② 许国志：《系统科学》，上海科技教育出版社，2000年。

纳具有不同文化背景的创意人才、不同区域的多元文化思维模式以及各种新思想、新观点、新技术、新信息等负熵流，从而能抵消集群内部随着时间延续而产生的思维僵化、创新能力缺失而导致的内部熵值增加，使得文化创意产业集群内部的熵值处在较低的水平，集群得以进行有序的自组织进化。可见文化创意产业集群系统自组织的发生对于开放性的要求不仅针对集群自身系统，实际上还包括了集群内文化创意企业和社会经济整个系统都必须保持开放性，否则集群自组织所需要的信息交流则难以发生，与外界进行物质和能量的交换过程就会中断。

4.1.1.2 文化创意产业集群的非平衡性

按照热力学定义，平衡态是孤立系统经过无限长时间后，稳定存在的一种最均匀无序的状态，相当于"热寂"状态。在此状态下，系统与环境没有任何广义资源交流的定态，状态变量也不随时间发生变化。而非平衡态是相对于平衡态而言的，非平衡态的前提是系统基本元素的异质性。在以企业为基本元素的集群系统中，企业之间在生产要素的质量、信息获取、市场占有率、收益率等方面均具有较大差异性，即非平衡性。一部分企业由于规模大、生产技术水平先进，在产业发展中居于主导地位；而另一部分企业则处于从属地位。生产要素在企业间的流动并不是朝着均匀方向，而是由劳动生产率低、效益差向劳动生产率高、效益好的企业流动。这说明非平衡态在集群系统中是常态。远离平衡态实际上是与开放性联系在一起的；只有集群系统越来越开放，外在的作用才能推动集群系统离开平衡态，而且这是一种正相关。

多样性和差异性是文化创意企业和产品的特点。文化创意企业的规模、生产技术和装备水平、信息和知识的获取能力、创作人员自身的理解领悟能力均存在较大的异质性，同样创意产品的风格、基调、艺术特色各不相同，而且产品的创作水平和质量也各不相同，这就是文化创意产业区别于其他传统产业的地方。正是这种非平衡性使得文化创意产业集群内企业能通过市场调研、信息

反馈、各类技术研究活动以及技术改进获得更强的研发、生产和经营能力。反过来,这种"惯性"导致的能力差异使文化创意产业集群中的各企业又具有不同的竞争力,处于各不相同的竞争位势;从而进一步打破企业间竞争的平衡,使文化产业集群始终远离平衡态,并导致文化创意产业集群系统在成长过程中可能不断出现一个个新的跃迁。

4.1.1.3 文化创意产业集群的非线性相互作用

自组织的发生必然是非线性作用的结果,因为线性作用是两体之间的对称的相互作用,其整体等于各部分之和,是一种叠加作用,不能产生新质。非线性就是多体之间非对称的相互作用,是可以产生各部分之和以外的增量、非守恒量的相互作用。自然界及人类社会中的各种现象,就其普遍规律来看,各种量之间通常都呈现出复杂的非线性相互作用,所以要使得系统产生新质、发生涌现,就必须有非线性相互作用。

产业系统的非线性是指其组元之间相互作用的一种数量特征及其不可叠加性。实际上,产业系统内组元之间和各个状态变量之间相互作用的机制是非线性的。通常状态变量值增加,则系统状态将不能由这些增加值的简单叠加来判定(其变化将是复杂的,可能对应多个状态,甚至于产生分岔和混沌现象)。组成系统的子系统之间一般来讲其相互作用是非线性的,也不满足叠加原理(它们在形成整体系统时,会涌现出新的性质)。在产业系统的状态变量中,有的对系统演化起正反馈加强作用;有的起负反馈弱化作用;有的则在一定条件下起加强作用,而在其他条件下起弱化作用。产业系统的演化存在非线性的正负反馈机制。在产业系统的演化过程中,非线性发挥突出的作用。非线性相互作用是系统形成有序结构和产生复杂性的内在动因。①

---

① 叶金国,等:《产业系统自组织演化的条件、机制与过程》,《石家庄铁道学院学报》,2003年第2期。

文化创意产业集群是包含文化创意企业、支撑机构及其相互关系的复杂大系统。集群内企业之间相互信任的关系不像契约关系那样具有明显的线性关系，而是非常复杂的非线性关系，表现为相互制约、相互耦合、合理分工、差异协同、互为因果等。集群内企业之间耦合的相互作用将所有企业凝聚成一个有机的整体。① 作为一个远离平衡态的非线性的开放系统，文化创意产业集群通过不断地与外界交换物质和能量，在系统内部某个参量的变化达到一定的阈值时，系统通过涨落就会发生突变即非平衡相变——由原来的混沌无序状态转变为一种在时间上、空间上或功能上的有序状态。②

4.1.1.4　文化创意产业集群的涨落

涨落是统计物理学中研究的现象。在平衡态时系统存在涨落；当系统由于某种原因偏离平衡态时，涨落也会使系统很快地恢复到原来的状态。涨落既是对在平衡态上系统的破坏，又是维持系统在稳定态上的动力。在系统发生相变时涨落更发挥着重大的作用：处在临界点处的系统，原来的定态解失稳，但系统不会自动离开定态解；只有涨落才使系统偏离定态解，偏离范围不论多少，只要有偏离就会使系统演化到新的定态解上。因此可以说涨落是使系统由原来均匀定态解到耗散结构演化的最初驱动力。集群系统涨落的存在会导致集群自组织的发生和集群系统自我耗散结构的形成③。涨落是随机的、偶然的和杂乱无章的，没有确定的方向和时间。集群涨落并非是一种主观努力的结果，而是存在着各种各样的因素影响着集群的成长和演化方向。每一个因素都可能成为集群发生的最初始的条件，即集群自组织对系统自身初始条件

① 张东风：《基于复杂性理论的企业集群成长与创新系统研究》，天津大学博士学位论文，2005 年。

② 吕挺琳：《自组织视角下文化产业集群的优越性与演进》，《经济经纬》，2008 年第 6 期。

③ 同①。

具有敏感的依赖性。例如，文化创意产业集群中各要素的波动，如人员流动、技术发展得失、国内外市场需求变动、政府政策的扶持力度变化、资金的增减、产品质量的波动、消费者心理和习惯变化产生的市场波动等。这些要素的非线性作用构成了集群的"涨"与"落"。

通过上述分析可以发现文化创意产业集群自组织的四个条件是相互联系、密不可分的。集群不开放就无法与外在进行物质、能量和信息的交流，集群系统就不能远离平衡态，集群系统内部发现、选择和行动之间的任何非线性相互作用也不能使系统脱离平衡态，集群的涨落也仅能起到稳定系统，使之处在平衡态的作用，而无法形成有序状态。如果没有远离平衡态，即使集群系统开放也是无济于事：集群系统仅能在平衡态附近，与外在交流也作用微弱，不能使系统发生本质的变化。集群内各子系统之间的非线性相互作用是集群系统内部发生质变的基础，这也是系统形成耗散结构的必要条件。没有涨落，其他条件再充分，系统也不会出现有序结构；没有涨落，系统的稳定状态也难以维持。如果集群系统长期处于一种稳定态的情况下，其协调各种关系的"规则"和"规则系统"也就不会出现大的变化。这样一来，外在条件一旦变化、出现了涨落现象，"规则"所表现出的惰性就会使整个系统的稳定态遭受致命的破坏。可以说没有涨落，复杂系统就不能存在。同样，系统越复杂，涨落的存在也就越普遍。对于集群系统而言，集群本身自组织的发生是保持集群系统自身有序化成长与演进的根本所在。①

4.1.2　文化创意产业集群的涌现性特征

文化创意产业集群是一个由众多组织构成的较高层次的复杂巨系统，其经历了从简单到复杂，从低级到高级，从小系统到大系

① 张东风：《基于复杂性理论的企业集群成长与创新系统研究》，天津大学博士学位论文，2005 年。

统的不断进化和涌现的过程。在这过程中，伴随了低层次、小系统所没有的新性质的涌现，这些涌现具体表现在以下方面。

4.1.2.1 经济收益的涌现

文化创意产业集群内部企业通常有着非集群企业所没有的知识和信息共享的机会，而这恰恰是集群能带给企业的最基本益处。创意人员之间的相互交流能带给对方意想不到的收获——或是开拓了思路，或是补充了专业的前沿知识，或是唤醒了潜伏在大脑中的创新意识……这些额外的信息知识很可能成为新创意产品的灵感来源；而这种新产品很可能会满足受众求新求异的猎奇心理，受到市场的追捧，从而产生意外的巨大经济收益。另外，集群内企业比非集群企业的市场竞争优势更显著，容易获得更多的市场机会和更低的交易成本等，从而增加企业盈利。

4.1.2.2 集群整体竞争力的涌现

单个中小文化创意企业的创新能力较为有限，而集群内的信任关系将企业和支撑机构联结成柔性的有机整体和技术创新网络，这使得集群企业有了很强的抵御市场风险的能力、倍增的创新能力、内外部协调能力和集群企业产品的整体品牌的涌现。文化创意产业集群的这些涌现既促使集群对市场和周边环境的适应，又使集群整体的功能弥补了单个企业在市场竞争中的弱势地位。在这个过程中，高级集群系统涌现出低级企业系统所不具有的属性、行为和功能。这些涌现极大地增强了文化创意产业集群的整体竞争力。

4.1.2.3 新业态的涌现

文化创意产业集群集聚着众多与文化创意产品制作相关的企业，不同创意类别的企业相互共生会衍生更多创新性产品；同时随着现代信息技术对文化创意产业渗透程度不断加深，互联网络和手机等新兴传播载体逐渐成为文化创意产品的主要传播方式。新载体的不断出现以及创意内容的不断翻新使得文化创意产业的新业态不断涌现，从而使文化创意产业成为成长空间和潜力十分巨

大的新型朝阳产业。

4.1.2.4　新机制的涌现

以产业集群的方式发展文化创意产业本身即是一种较好的制度设计，借此能使集群内企业获得集聚带来的外部经济收益，同时能得到政府有效的政策扶持。随着集群的建立和快速发展，集群内企业的信任程度加深，植根于当地并基于信任基础上的当地生产协作网络逐步形成；这反过来又不断促进集群内各种有利于促进合作的新制度、规则的创生。同时政府所制定的政策也随着集群的发展而变得更富有弹性和灵活多变，也更有成效。

4.2　文化创意产业集群的自组织类型与演化机理

4.2.1　文化创意产业集群的自组织类型

文化创意产业集群自组织是在一定条件下，由于集群内部子系统的相互作用，集群形成具有一定功能、结构的复杂系统的过程。就集群自组织的前后状态相比来看，集群系统经过自组织过程，由原先的均匀、简单、平衡的状态转变为一个有序、复杂、非平衡的稳定状态。文化创意产业集群阶段性的成长演化过程实质上为集群一次次自组织发生的过程，每经过一次自组织过程，文化创意产业集群都可能实现一次跃迁。整个集群系统就是在集群自组织的跃迁过程中获得进化和成长的。就集群系统作为维系企业系统有序化发展的规则体系来说，从规则的自我变化的角度，可以将集群系统自组织成长分为以下几种主要类型。

4.2.1.1　集群自创生

文化创意产业集群自创生是从自组织过程形成的新状态与原有的旧状态对比的角度对自组织状态所作出的一种描述。在文化创意产业集群系统成长演化过程中，自组织过程类似于相变。在一定条件下，系统原来的无序态失稳。由于系统内子系统之间相互作用，系统自发产生新的结构和功能，因此调节系统的原有的运行规则发生了变化，抑或产生了新的规则以适应新的系统成长需要，而这种新的规则在自组织过程前是不存在的。这就是文化创意产业集群的自创生。这种自组织类型实质上是作为复杂系统的文化创意产业集群涌现性的体现。创生的新规则、新结构和新功能都是原集群系统所不具有的，都是开放的文化创意产业集群要素进行内外非线性互动产生的一系列“突现”的结果。

4.2.1.2 集群自复制

文化创意产业集群的自复制是从集群系统自组织过程中子系统之间如何相互作用才能保证系统形成某种新的、有序的、稳定状态的角度，来对自组织过程进行的一种描述。自复制过程是集群自创生过程的前提和基础条件，也就是说集群与其包含的文化创意企业的成长和演化都存在着路径依赖，演化前所携带的“基因”同样影响着集群演化的方向和结果。这里的“基因”是指集群在演化前所具有的知识、信息、技术、政策等要素。尽管集群的变化从外部看并没有明显的表现，但是集群内各子系统之间的互动使得集群系统整体的结构和功能都发生了一定的变化。该结果的发生是由于集群内一刻不停地进行着集群原有“基因”的复制，其中包括影响集群演化的各项政策规则、知识和信息的广泛溢出等。可以看到集群系统在一定时期内具有相当长时间的稳定性，但集群内部的相互作用以及集群与外在环境之间的作用并没有停止。这就意味着在系统成长过程中，集群发生了自组织现象，但以自复制的形式出现。也就是说，集群以自复制的形式维持着系统的稳定成长。

4.2.1.3 集群自生长

文化创意产业集群自生长是从系统整体层次的角度对集群自组织成长过程所形成状态随时间演化情况所作出的一种描述。在文化创意产业集群系统成长过程中，随着外在环境的变化，集群也随之而变化。但这种变化并不表现为一种质变，也就是说协调系统发展的规则和规则系统本身并没有发生质的变化。这样的文化创意产业集群自组织类型被称为集群自生长过程。该过程与上述集群自复制过程实质上是同一个过程。从集群内部来看,集群演化是在原有基础上的一种跃迁;从集群外部来看,集群演化是一个成长进化过程。

4.2.1.4 集群自适应

文化创意产业集群自适应是从系统与外界关系的角度对文化创意产业集群自组织成长过程所作出的一种描述,它强调集群随着外在环境的变化而变化。集群为了适应环境的变化而主动与环境相适应,从而出现新的结构、状态和功能。集群自适应是与集群自创生相对应的一个概念:集群自创生强调从集群系统内部的角度来描述集群自组织过程,而集群自适应则从适应外界需要的角度来描述集群自组织过程。一般可以从集群个体的成长的角度来描述集群成长阶段的自创生过程,同样也可以从集群个体成长过程中个体面临的环境变化的角度认为集群成长阶段是自适应过程。

综上所述,文化创意产业集群自组织成长的四种类型是彼此密切联系又相互区别的。集群自创生和集群自适应强调的是集群整体的阶段性成长和演进,表现为对临状态的关注,它们描述的是一种质变,更关注集群的整体涌现性。集群自复制和集群自生长是从量变的角度来研究集群是如何逐步地发生自组织成长和演进变化的。

4.2.2 文化创意产业集群的自组织进化机理

文化创意产业集群是单个文化创意企业通过正式与非正式的契约与其他企业发生联系而形成比较稳定的伙伴关系并进而产生的中间组织,这一组织与外界的环境共同构成了一种复杂的巨系统。由单个的文化创意企业构成的子系统之间相互作用、相互影响、相互联系,从整体上导致了集群这一组织形式的出现与动态的演化,使它呈现出新的特性。

单个文化创意企业利用自身的资源以及自身内部的各部门组织协同,再加上通过与集群中其他企业合作所获得的知识、信息、专有设备、技术等资源来增强与扩大自身的实力与规模，从而提升自身的竞争能力，这构成了企业的自循环。同时，集群内企业之间又通过相互竞争、相互合作发生相互作用，通过企业的经营环境来与另一企业发生关系，通过自身的经营来影响其他企业的经营，这是一种交叉循环。就整个文化创意产业集群系统而言，企业之间通过资源互补、相互的学习、核心能力的相互支持以及伙伴之间的有效合作与竞争关系，使得集群的资源得到更合理、更有效的配置，在集群内部形成一种自循环。同时，这一集群群体也在同外界经济环境进行着物质、能量、信息的交换，对整体的环境产生着作用和影响，也即与集群外部环境形成一种交叉循环。通过上述分析可以看出，文化创意产业集群的自组织过程实际上是文化创意企业之间以及集群系统与集群外部环境之间通过自循环与交叉循环来形成的集群大系统，组成了高一层次的系统循环；这一高层次的系统又构成了另一高层次系统的子系统；这一系统通过自循环与交叉循环的相互作用、相互影响，使更高层次的系统趋同进化；通过这种交叉循环与自循环来产生协同效应，从而形成一种超循环；超循环使得动态的组织系统向一系列更高的组织层次进行质的飞跃。可见文化创意产业集群这种组织形式比单个文化创意企业获得外界的资源知识、吸收负熵的可能性更大，向更高层次系统进化的可能性也更大。

以下几方面则是导致这一进化趋势的主要动力来源：

(1) 集群内企业在技术创新方面的互动合作。在技术创新方面的合作能增强集群伙伴企业的竞争能力，在知识和技术上的互补增强了集群内企业伙伴的知识积累；而知识积累越多，领悟和吸收新知识能力越强，伙伴之间合作创新的可能性也越大。在不断增加的合作下企业更能取得效益，从而推动集群系统向更高形式的系统演化。

(2) 集群系统固有的复杂性与协同性的驱动。系统的复杂性决定了子系统之间具有相互影响、相互作用的非线性关系，这种非

线性关系具有正反馈的放大机制，即外界环境中的微小变化会对集群系统产生巨大的影响。因此可能会因环境的微小变化而导致集群系统的突变，而突变的出现会促进集群系统向新的系统形式进化。

（3）集群系统中子系统的协同性。这种协同性使得集群系统产生相互作用，从而产生一些新的相互作用驱动力，这种新的驱动力能推动系统进化。

4.3 文化创意产业集群自组织演化的动力来源

4.3.1 文化创意产业集群内企业创新的竞合机理分析

创意企业中创意人员之间的正式和非正式的信息交流会使显性知识和极为关键的隐性知识发生转移和共享；这是人的创意思维（创新源）不断衍生的基础，需要集体的互动和企业的地理集聚。在创意产业区集聚的中小企业通常具有多元化和随机性的特征，大量不同行业的集聚更为创新的产生提供了支撑条件。创意产业集群内通常是各种行业集聚在一起，如电影制作、软件动漫、高科技设计等。这些本无联系的行业基于文化的创造力集聚在一起，更容易促使创意思想相互碰撞，从而可能涌现出更多的创意（创新思维），以形成多维发散网络空间，构成所谓的“新经济空间”。[①] 创意产业集群的发展不仅仅局限于某一集聚区内的发展，而是通过人脑创造力的发散思维和多维联系关系，通过网络交融不断碰撞产生创意火花，不断衍生出某一行业在尖端领域的一系列创新。因而创意产业集群所具有的多元性、随机性以及对外开放性使其创新过程具有明显的自组织特性。

创意产业集群中企业技术创新过程表现的非线性相互作用，

① 肖雁飞：《创意产业区发展的经济空间动力机制和创新模式研究》，华东师范大学博士学位论文，2007 年。

对集群的进化起着决定性的推动作用。集群内部企业之间非线性相关的自组织本质，通过竞争和协同效应产生有序稳定结构，成为集群自组织进化的内在源泉。当某个创意企业的创新一旦获得市场认可，由于经济利益的驱使必然吸引一大批追求者和模仿者进行投资，促成了这些异质性创意企业之间的相互竞争与合作，从而实现了技术创新的自组织过程。可见对于这种类似于生物群落的集群组织来说，集群内企业的相互合作和竞争行为是其得以发展壮大的关键要素。竞争使得创意产业集群内创意企业个体始终保持足够的动力，并在竞争中快速发展。

合作机制则使得创意产业集群中一些潜在的生产、交换等环节的矛盾内化于某种基于信任的产业共同体中，从而使不同的单个创意企业之间形成了一种高度合作基础上的充分竞争，其结果是从零和博弈转为正和博弈。竞合博弈行为是创意产业集群内个体企业行为的一个显著特点，创意企业对于集群整体竞争优势的依赖以及寻求自身发展的压力使得群内企业处于不断的竞合博弈中。创意企业的竞争与合作行为往往难以分割，而是有机统一于创意企业的行为表现中，其间存在着复杂的互动作用。创意企业行为“嵌入”其所在的社会网络，任何一方竞合行为的选择，都会对网络中其他主体产生影响并由此造成竞争之中存在依赖性的合作，而合作之中又促进竞争的互动作用。在这种互动作用中，竞争与合作之间的关系呈现两种可能的演化方向：此消彼长或共同增强（减弱）。①

4.3.1.1　创意集群内企业创新战略竞合选择过程的演化博弈模型构建

演化博弈论研究的对象是“种群”，而不是单个的参与者；所关心的是种群结构的变迁，而不是单个参与者的效用分析；问题焦点

---

① 任新建：《企业竞合行为选择与绩效的关系研究》，复旦大学博士学位论文，2006年。

是“演化稳定策略”(ESS)。

复制动态是描述某一特定策略在一个种群中被采用的频数或频度的动态微分方程。当一种策略的适应度(或支付)比种群的平均适应度高时,这种策略就会在种群中发展,即适者生存体现为这种策略的增长率大于0。

假设有创意企业1和创意企业2,两者的战略集均为(独立创新,合作创新)。假定两个创意企业均选择“独立创新”战略时的收益为π_1和π_2;当两个企业均选择“合作创新”战略时,假设因合作获得的收益增量分别为d_1和d_2,而付出的合作成本为C_1和C_2,参数i是指双方企业合作成功的概率。当两个企业采用不同战略时,采用“合作创新”战略的企业会产生费用成本$C_i(i=1,2)$。该博弈的支付矩阵见表4.1。

表4.1 创意产业集群内企业选择创新战略的支付矩阵

创意企业1	创意企业2	
	独立创新	合作创新
独立创新	π_1, π_2	π_1, π_2-C_2
合作创新	π_1-C_1, π_2	$\pi_1+id_1-C_1, \pi_2+id_2-C_2$

设创意企业1选择“独立创新”战略的比例为x,创意企业2选择“独立创新”战略的比例为y。创意企业1选择独立创新和合作创新的期望收益分别为U_1和U_2,平均收益为$\overline{U}$,则:

$$U_1=y\pi_1+(1-y)\pi_1$$

$$U_2=y\times(\pi_1-C_1)+(1-y)\times(\pi_1+id_1-C_1)$$

$$\overline{U}=x\times U_1+(1-x)\times U_2$$

同理,创意企业2选择独立创新和合作创新的期望收益分别为V_1和V_2,平均收益为$\overline{V}$,则:

$$V_1=x\pi_2+(1-x)\pi_2=\pi_2$$

$$V_2=x(\pi_2-C_2)\times(1-x)(\pi_2+id_2-C_2)$$

$$\overline{V}=y\times V_1+(1-y)\times V_2$$

根据Malthusian动态方程,即策略的增长率等于它的相对适应度。只要保证这个策略的个体适应度比群体的平均适应度高，这个策略就会增长。由此可得创意企业 1 和创意企业 2 的复制动态方程为：

$$\begin{aligned} F(x) &= \frac{\mathrm{d}x}{\mathrm{d}t} = x \times (U_1 - \bar{U}) = x(1-x)(U_1 - U_2) \\ &= x(1-x)(id_1 y - id_1 + C_1) \end{aligned} \tag{4-1}$$

$$\begin{aligned} F(y) &= \frac{\mathrm{d}y}{\mathrm{d}t} = y \times (V_1 - \bar{V}) = y(1-y)(V_1 - V_2) \\ &= y(1-y)(id_2 x - id_2 + C_2) \end{aligned} \tag{4-2}$$

两个创意企业之间的博弈可以用两个微分方程(4-1)和(4-2)组成的系统来描述。对于一个由微分方程描述的群体动态，其均衡点的稳定性可由该系统的雅可比矩阵的结构分析得出。该系统的雅可比矩阵为：

$$\boldsymbol{J} = \begin{bmatrix} \dfrac{\mathrm{d}F(x)}{\mathrm{d}x} & \dfrac{\mathrm{d}F(x)}{\mathrm{d}y} \\ \dfrac{\mathrm{d}F(y)}{\mathrm{d}x} & \dfrac{\mathrm{d}F(y)}{\mathrm{d}y} \end{bmatrix}$$

$$= \begin{bmatrix} (1-2x)(id_1 y - id_1 + C_1) & x(1-x)id_1 \\ y(1-y)id_2 & (1-2y)(id_2 x - id_2 + C_2) \end{bmatrix}$$

第一种情况：当 $id_1 > C_1$ 且 $id_2 > C_2$ 时，各均衡点雅可比矩阵行列式与迹的符号分析如表 4.2 所示，相位图如图 4.1 所示。

表 4.2 第一种情况下各均衡点雅可比矩阵行列式与迹的符号分析

均衡点	det$\boldsymbol{J}$		tr$\boldsymbol{J}$		结果
$x=0, y=0$	$(-id_1+C_1)(-id_2+C_2)$	+	$-id_1+C_1-id_2+C_2$	−	ESS
$x=0, y=1$	$(id_1-C_1)C_2$	+	$id_1-C_1+C_2$	+	不稳定
$x=1, y=0$	$C_1(id_2-C_2)$	+	$C_1+id_2-C_2$	+	不稳定
$x=1, y=1$	$-C_1(-C_2)$	+	$-C_1-C_2$	−	ESS
$x=\frac{id_2-C_2}{id_2}$, $y=\frac{id_1-C_1}{id_1}$	$\frac{-C_1C_2(id_1-C_1)(id_2-C_2)}{id_1 id_2}$	−	0		鞍点

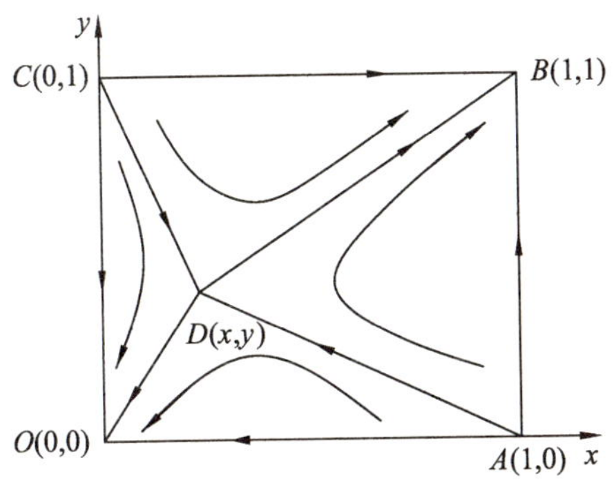

图 4.1　第一种情况下的相位图

第二种情况：当 $id_1<C_1$ 且 $id_2<C_2$ 时，各均衡点雅可比矩阵行列式与迹的符号分析如表 4.3 所示，相位图如图 4.2 所示。

表 4.3　第二种情况下各均衡点雅可比矩阵行列式与迹的符号分析

均衡点	det**J**		tr**J**		结果
$x=0,y=0$	$(-id_1+C_1)(-id_2+C_2)$	+	$-id_1+C_1-id_2+C_2$	+	不稳定
$x=0,y=1$	$(id_1-C_1)C_2$	−	$id_1-C_1+C_2$		鞍点
$x=1,y=0$	$C_1(id_2-C_2)$	−	$C_1+id_2-C_2$		鞍点
$x=1,y=1$	$-C_1(-C_2)$	+	$-C_1-C_2$	−	ESS

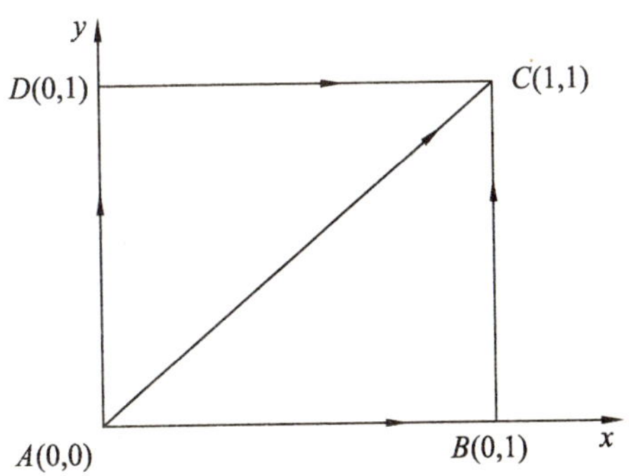

图 4.2　第二种情况下的相位图

从表 4.2 和图 4.1 可以看出，根据弗里德曼提出的方法，其均衡点的稳定性可由该系统的雅可比矩阵的局部稳定性分析得到。其结果为，在平面 $M=\{(x,y):0\leqslant x,y\leqslant 1\}$ 上有 5 个平衡点，分别为不稳定点 $A(1,0)$ 和 $C(0,1)$、稳定点 $O(0,0)$ 和 $B(1,1)$，以及鞍点 $D((id_2-C_2)/id_2,(id_1-C_1)/id_1)$。参数 i 是指两个创意企业合作创新成功的概率。当 $i>C_1/d_1$ 且值越接近于 1，企业之间合作创新成功概率越高，双方因合作而得到的收益增量也越大。随着参数 i 的变动，当 $id_1>2C_1$ 且 $id_2>2C_2$ 时，并假设鞍点 D 只在折线 OB 上运动，可以得出 D 点趋向于 B 点，也即区域 $OADC$ 的面积不断增加，大于区域 $ABCD$ 的面积，从而双方都采取合作创新的策略是 ESS。当 $id_1=2C_1$ 且 $id_2=2C_2$ 时，鞍点 $D(x, y)$ 位于坐标(1/2, 1/2)处时，区域 $OADC$ 和区域 $ABCD$ 的面积相等，即从以上的演化博弈模型分析和复制动态相位图可知，集群中企业的协作竞争博弈可以向两个方向进行演化，既可以采取相互协作的策略，也可以采取相互竞争的策略，这两种策略都是 ESS。当 $C_1<id_1<2C_1$ 且 $C_2<id_2<2C_2$ 时，鞍点 D 趋向于 $O(0,0)$ 点，从而使得区域 $ABCD$ 的面积大于区域 $OADC$ 的面积，即博弈双方都将采取独立创新的策略是 ESS。

由表 4.3 及图 4.2 可以看出，当 $id_1<C_1$ 且 $id_2<C_2$ 时，在平面 $M=\{(x, y);0\leqslant x, y\leqslant 1\}$ 上仅有 4 个平衡点，分别为不稳定点 $A(0,0)$、稳定点 $C(1,1)$ 以及鞍点 $B(1,0)$ 和 $D(0,1)$，也即当合作收益小于合作成本时，博弈双方都只会采取独立创新的策略。

4.3.1.2 模型分析

从以上系统动态演进过程可以看出，系统演化的长期均衡结果可能是完全合作，也可能是完全竞争。究竟沿着哪条路径到达哪一状态，与该博弈的支付矩阵密切相关，也受到博弈发生初始状态的影响。因此在博弈的过程中，构成博弈双方支付函数的某些参数的初始值及其变化将导致演化系统向不同的均衡点收敛。但是，由于演化是一个长期过程，演化均衡即全面合作或全面竞争需要经过长期演化才能得到，因此创意产业集群内企业间的竞争与合作并存的关系将长期存在。从上述分析中可以看出，竞合关系的演化结果主要受到以下因素影响：

(1) 合作创造的额外收益 d_1 和 d_2。合作产生的额外收益越大，就会吸引越多的创意企业选择合作创新策略。由于合作创新需要付出合作成本，而且除了创意企业自身创新能力有大小之分外，还存在着其他外部因素扰动合作创新的成功，因而只有当合作创新的收益值足够大时，才会对创意企业在选择创新战略时产生较大激励。

(2) 为合作而付出的合作成本 C_1 和 C_2。创意企业为合作而付出的成本越小，其合作的障碍就越小，选择合作策略的概率就会越大。而合作成本的大小又直接与集群当地是否拥有完善的市场运作制度和有效的公共服务平台有关，例如企业之间的相互信任度、对创意产业发展而言重要的知识产权制度以及公共服务平台为企业发展提供所需的技术、市场等有效信息。

(3) 采取合作创新策略成功的概率 i。合作策略成功概率的大小是由各异质性的创意企业所拥有的创新能力以及合作的诚意所决定的。也即要看合作双方能否实现资源的互补，合作双方在技术、产品等方面的协同效应。通常具有较强创新能力和团队精神的创意企业更乐意与其他企业开展合作。

4.3.2 文化创意产业集群内企业集体学习机制

4.3.2.1 文化创意产业集群内企业集体学习过程的自组织特征

(1) 文化创意产业集群的知识学习过程是开放的，具有自组织的前提条件。对外开放性是文化创意产业集群形成发展的内在属性，因而其内部集体学习过程必然也是开放的。为了快速适应消费者的需求和市场环境的多变，文化创意企业必须能敏捷地对组织经营进行调整，具有可扩充和重构的弹性，因而其也具有开放性。组织结构的开放性使得文化创意企业能够很便捷地与外界进行包括信息和知识在内的各种生产要素的交流和交换，从而为创意企业在学习过程中从外界获取负熵提供了条件。

(2) 文化创意产业集群的集体学习过程是不可逆的和非平衡的。集体学习过程是一个知识溢出(传播)、知识整合和知识创造的过程,它随时间而演变并与环境协同演化;这一过程具有不可逆性。与此同时,在文化创意企业的集体学习过程中,各成员企业、各支持机构以及各员工个体均具有明显的异质性,集群内知识的分布具有不平衡性,这导致知识创意过程中创意机会的发现和获取以及创意思想和创意成果的形成在成员企业与个体间的分布也是非平衡的。①

(3) 在文化创意产业集群的集体学习过程中,各文化创意企业间的作用是非线性的。这种非线性相互作用是指将集群看做一个由众多组织构成的复杂系统,其中各组织随时间、地点和条件的不同呈现出不同的相互作用方式和不同的效应。文化创意集群要达到高度有序的状态,必须通过集群内部非线性相互作用产生的自组织效应来完成,通过企业员工之间、组织之间的相互作用进行着知识的转移、整合与创造来实现。

(4) 集群企业集体学习过程具有不稳定性。集群企业集体学习的目的是汇集更多创意人员和创意企业的知识和创新思维,通过知识的溢出和思想的碰撞不断萌生出新创意。新知识和新创意的产生就是一种涌现过程,它是以原知识为基础并对原有知识加以整合和重组;这种知识新组合的产生就意味着旧组合功能的减弱和原有结构稳定性的丧失。这种学习过程是通过随机涨落实现其自组织的演化的。知识从旧组合失稳到新结构知识的新组合诞生存在临界状态;知识创造过程受多种不确定因素的影响,同时知识创造本身也是一个适应性的试错过程,因此可以说不稳定性是文化创意企业学习过程演化的固有特征。

---

① 成桂芳,宁宣熙:《虚拟企业知识协作自组织过程机理研究》,《科技进步与对策》,2007 年第 4 期。

本书认为文化创意产业集群内企业的集体学习过程具有明显的自组织特征，其学习的自组织过程又可以概括为知识溢出→知识转化与创造两个阶段。

4.3.2.2　文化创意产业集群内企业集体学习过程分析

(1) 知识溢出过程

① 集群内知识溢出的自复制特征

知识溢出实质上是知识的自复制过程。通过知识在成员企业以及员工个体之间的传播，一方面能避免知识被遗忘，另一方面产生了许多重复的知识。这使得文化创意企业的知识系统结构和知识量保持不变，为接下来的知识创造奠定基础。由此看来，知识的溢出和传播实质上就是知识的自复制。集群内文化创意企业的集体学习自组织过程正是通过知识的溢出和传播以保持其自稳定的。否则，即使文化创意产业集群在不断地产生新的信息和知识，但如果知识溢出和传播受阻(复制机制缺失)，这些企业原有的信息和知识也会因此而溃散、消失。可见文化创意产业集群内的知识溢出和传播对于文化创意企业来说具有重要意义，因为它能保证集群内企业的知识存量不被闲置、遗忘。

② 集群内知识溢出的路径

学者魏江认为产业集群生态系统包括内部核心网络、辅助网络以及由外部支持要素构成的外围网络 3 个子系统。① 核心网络和辅助网络这两个子系统内部各要素之间以及 3 个子系统之间的知识互动，构成了产业集群学习系统。根据魏江对集群生态系统的结构分析以及对产业集群学习过程 3 个层次的分类②，本书认为同样可将文化创意产业集群的集体学习过程概括为两个层面：第一层面指文化创意产业集群核心要素成员(各类文化创意企业)之间的互动学习流程，包括集群内部成员之间的学习机制和相互作

① 魏江:《产业集群:创新系统和学习范式》，浙江省自然科学基金结题报告，2002 年。

② 魏江:《产业集群学习机制多层解析》，《中国软科学》，2004 年第 1 期。

用模式;第二层面指文化创意集群辅助网络向核心网络知识流入的过程,它通过文化创意产业集群的公共服务机构和代理机构向集群成员企业提供技术知识和信息支持。

集群内知识溢出的路径主要有以下4个方面。

第一,创意人才在成员企业间的流动。最早是由经济学家马歇尔在其产业区位理论中将劳动力要素的流动作为集群知识溢出的最重要机制。[①] 创意人才在企业之间的流动促进了知识在成员企业间的扩散,同时外部创意人才的流入为外部知识和创新思维的传入及其与集群创新系统内部原有知识的重新组织提供了可能。创意人员的流动路径,一般发生在横向企业与竞争者或者合作者之间以及企业与公共服务机构或集群代理机构之间。创意人员在同一企业内部配置的刚性会阻碍技术信息的扩散和再组合,因而集群内部成员企业间保证一定比例的人员流动有利于知识溢出。包括管理经验和各类制作技术在内的默示知识转移通常由这种知识溢出途径予以实现。该类知识的特性在于除知识拥有者本人以外,其他人较难掌握或模仿,因而创意人才流动是新思想和新创意得以快速扩散的重要途径之一。对于文化创意产业来讲,好的创意是企业和产业发展的最核心竞争力。而这些无实物形态的隐性知识只有靠人才的流动才能扩散。另外创意人才的流动带来的员工社会关系的网络化,尤其是在成员企业间形成的网状的社会关系,极大地扩充了不同企业员工间非正式交流的范围和程度。人才流动作为文化创意集群知识溢出的一种途径,促进了集群企业的知识传播与创新。人才的流动为企业带来了新思想、新知识和新技能,从而促进了企业知识基础的更新和增强,以尽快适应外部技术和市场的不确定性。从集群层面上看,人才在集群内的流动驱动了集群整体创新能力的提升。[②]

---

① [英]马歇尔:《经济学原理》,彭逸林,等译,商务印书馆,1997年。

② 王长峰,杨蕙馨:《企业集群中知识溢出的途径分析》,《商业研究》,2009年第1期。

第二,创意企业间的合作互动。文化创意企业间合作互动的方式可以多种多样,如合作创新、要素互动等。由于地理临近、产业关联和社会文化规制等原因,包括文化创意企业、创意营销推广机构、行业协会在内的集群成员企业之间经常性的互动为成员企业的技术和知识的扩散提供了条件。这种由互相竞争与合作关系相互交织形成的创新网络能提高创意企业学习新技术的机会。由于新技术知识往往是非正式或非编码性的,因此更容易在近距离地理范围内流动。从要素互动来看,尤其是在管理要素互动上,集群成员之间的知识外溢使管理信息为成员共享,促进企业预测未来发展趋势;而且企业间的正式和非正式协作还有助于企业学习优秀的组织模式和管理模式等。

第三,新创意企业的衍生。企业衍生是指一个稳定的组织(如企业、大学、研究机构等,又称母体组织)通过某种方式,孕育催生出新企业的现象。[①] 企业衍生是成熟的企业集聚区创建新企业的重要渠道。世界上大部分科技园区的形成都以本地的大学、科研机构、知识型企业为基础,吸引大量高技术企业在园区内迅速集聚,增加衍生的机会,以此形成良性循环。企业衍生加速了企业集群中的知识溢出速度,并且使创造的新知识、新技术成熟化和商业化,进而提高了企业集群的技术创新水平。[②] 由于文化创意企业的从业人员通常是一些具有宽广知识视野且创新创造意识较强的知识从业者,他们一般都有着较强的创业意识,因而文化创意企业的不断衍生是文化创意集群区别于其他传统产业集群的重要特征。这也成为知识和技术溢出的重要途径之一。衍生路径包括:由以前属于另一个创意企业的员工成立新企业;公共研究机构或教育机构成立衍生企业;由多家企业共同发起建立公共机构,产生的知

---

① 冯玲:《我国高技术成果商品化过程中新企业衍生的微观机制研究》,《科研管理》,2001 年第 2 期。

② 王长峰,杨蕙馨:《企业集群中知识溢出的途径分析》,《商业研究》,2009 年第 1 期。

识信息由大家共享；等等。企业衍生出的新企业与母体之间存在着千丝万缕的联系。一方面，它促进人才、知识的流动，创意人才和熟练员工在创意集群内部的流动因为企业衍生活动而得以加速。这种在先前企业中技术专长和管理经验的积累强化了企业衍生和新创企业的出现。另一方面，它也促进了当地企业间正式合作关系的建立和非正式沟通，从而推动了创新网络的构建和其成员企业的创新协同。企业衍生可以看做是集群地方生产体系的内在扩张，通过从母体企业分裂出新企业的形式，实现了人才和知识的转移流动，因此新企业与母体之间存在着人才流和知识流的互动关系。集群创新系统为分裂的企业提供了社会和经济条件，从而为它们的成功提供了可能。①

第四，创意人员之间正式与非正式的沟通。产业集群的地理接近性有利于企业通过正式或非正式渠道分享集群内部知识，即分享智力溢出。这种知识溢出模式对于文化创意产业集群而言显得尤为重要。文化创意产业的核心竞争力在于新创意的萌生，而这种萌生仅靠单个创作人员冥思苦想是难以实现的；它需要在一个有着多元文化和浓郁创意土壤的环境中，由来自不同国家、不同行业和具有不同文化背景的艺术家相互自由交流和相互启发。而这些具有开放、流动和多元化视角、思维的人通过交流自身创意设计的理念和信息，都能从这些隐性知识中收获、消化、理解、顿悟和再创作，从而通过在这种交流平台上各种文化间的交流和碰撞产生了新的文化创意。这也成为文化创意产业集群发展的不竭动力。这种非正式沟通对集群学习的作用非常明显，比如包括了各类文化创意人员、高级管理人员、创意产品营销策划人员等在内的各类人员经常性的面对面的交流沟通，为新创意、管理知识与信息在集群内部的流动提供了最有效的路径。

综上所述，创意企业间的知识溢出主要由创意人才在成员企

① 魏江：《产业集群学习机制多层解析》，《中国软科学》，2004 年第 1 期。

业间的流动、创意企业间的合作互动、新创意企业的衍生、创意人员之间的正式与非正式沟通4条具体途径得以实现，而这成为创意集群内实现知识溢出的主要方式。另外，从外部辅助机构向核心成员企业的知识溢出在集群内也同样起着较为重要的作用。

外部辅助机构通常是指由学校、科研机构、文化创意集群公共服务平台等多种组织构成的公共服务机构和由当地政府及集群成员共同发起设立的集群代理机构，如行业协会、企业家协会等。这两类机构主要负责在集群整体创新网络形成和发展过程中所必需的协调活动以及特定的企业活动。

拥有大量受过文化创意设计专门培养的高层次文化创意人才是具有高技术特征的文化创意产业发展的根本前提，而这些人才主要靠大学和各类科研机构来输送。大学和科研机构在向文化创意集群提供人力资源培训和教育支持的同时，还直接向集群提供技术和管理支持。如当地大学和学术机构通过技术知识的转移扩散为集群学习提供技术支持，此时大学和研究机构发挥着集群知识基础设施的功能，并成为集群集体学习过程的知识基础结构和集群学习的重要通道。

集群公共服务平台是各创意企业和集群外部各类信息的汇集中心，通过与集群内外各类组织机构（包括高校、科研院所、企业、政府、各种中介机构）的广泛联系，获取和收集信息，并建立信息网络资源。通过这一信息网络，公共服务平台促进各种信息在创新主体间的有效传播和利用，即发挥信息集散地的功效，为创新资源的聚集、共享和有效利用提供服务。文化创意产业集群实质上是知识和技术密集型产业集群。公共服务平台则主要围绕知识的产生、转移和扩散及知识产权的保护提供公共服务；同时还能为群内企业技术创新的各个阶段提供服务，促进企业创意和创新成果的转化。

以行业协会和企业家协会为代表的集群代理机构在集群内知识溢出中承担着较重要的协调职能，例如由其安排学术论坛、专题会议，发布市场分析报告，组织集群成员参加其他专题论坛或研讨会等，扩大了创意企业获取知识的范围和视野；又如组织集群内创意企业参加国内外大型文化创意产业会议和展览，使集群成员了解文化创意产业领域最新创意和技术发展动向，从而为集群内企业提供切实有效的信息输入。

(2) 知识转化与创造过程

① 知识转化与创造过程的自组织特征

按照自组织理论，集群对知识的转化与创造的过程实质上是自适应和自创生的过程。集群在学习过程中的自适应是指当其面对外部环境信息和知识的冲击时，吸纳与消化这些新知识的过程；它也是对集群自组织成长过程的一种描述。它强调集群应主动适应外部知识和信息环境的变化，并随之出现新的知识结构和功能。而集群在知识学习过程中的自创生是一个与自适应相对应的概念；自创生强调从集群系统内部的角度来描述集群学习的自组织过程，也即集群通过学习不断涌现出新知识和新思维的过程。

② 知识转化与创造的前提——集群知识网络的形成

知识网络是依附于生产网络和社会网络中的信息、经验、技术、认知等隐形资源和关系，是生产网络和社会网络发生与发展的积累和标志，凝结着生产网络和社会网络的精华，是产业集群创新的重要源泉和获取持续竞争力的关键和根本所在。[①] 文化创意产业集群的知识网络表现为集群内知识分布和关联的网络化；这种隐形的网络存在于文化创意产业集群内从创意萌生到创意产品生产的全过程中。正因为知识网络具有隐蔽性和复杂性，一般只能通过知识载体(创意人才和集群内各类组织机构)的相互关联活动来对其加以感知和分析。产业集群知识网络的基本架构由网络核心组织、网络从属组织、信息网络平台以及贮存其中的共享知识资源和各知识载体间的知识活动等组成。网络核心组织是指在知识

---

① 成伟，王安正：《基于产业集群知识网络的研究》，《全国商情》，2006 年第 8 期。

网络中存在的一个积极引导知识共享活动的核心组织，其他组织则是通过与核心组织的合作而融入知识网络中。网络核心组织所开展的各项知识管理活动贯穿于整体知识网络的运作过程，该组织可以是文化创意产业集群中占主导地位的文化创意企业或该类企业的孵化器；网络从属组织是指基于某一领域的知识与核心组织开展知识共享活动的组织，其中包括企业、企业群体、科研院所、大学、咨询机构等在内的各类形式的组织；信息网络平台是知识网络的运行基础，是促进知识资源共享的技术基础，主要是指由网络协作工具、交互系统、智能代理、电子社区等组成的信息网络体系；共享知识资源则包括一些具有参考价值的信息、专有技术等在内的可共享的各类知识；知识活动涉及知识网络中各合作组织自身开展的一系列知识管理活动。①

产业集群知识网络中的各类知识构成了一个开放的复杂系统，而文化创意企业和其他各类组织均成为该复杂系统中的节点。节点之间具有的平等合作关系的长期性、利益互补性及组织形式的开放性等特点，就决定了节点之间关联的复杂性。② 知识网络节点之间的合作是基于共同的利益和目标——知识共享与创新。为了保障共同利益或目标的实现，必然离不开信息网络技术等硬件技术的支持，同时更需要在知识网络中建立节点组织间的信任机制。在此基础上，文化创意集群内各节点之间，以及由各节点组成的文化创意产业集群与系统外部环境之间通过非线性关系相互作用、相互转换进行着知识和信息的交换。在各类知识节点的动态作用过程中，知识节点越活跃，距离就越近，从而知识活动的强度越大，这导致公共知识的总量积累越大，而各知识节点能获取的知

① 李丹，俞竹超，樊治平：《知识网络的构建过程分析》，《科学学研究》，2002 年第 6 期。

② 万幼清，王战平：《基于知识网络的产业集群知识扩散研究》，《科技进步与对策》，2007 年第 2 期。

识也就越多,即个体知识也越多。整个过程经过循环累积的作用,成为一个个体知识和公共知识都不断增加的过程。因此,只要知识节点对整个知识网络作出微薄的贡献,知识网络就会通过乘数效应将其扩散出去,使节点之间资源共享和优势互补,使文化创意集群便捷地获取所需的创新资源,从而降低了知识节点创新的成本和风险,增强了集群的整体创新能力和知识节点的个体创新能力,有效发挥了知识网络对知识流动与组织学习的支撑和促进作用。

③ 知识转化与创造过程中的知识整合

知识整合是一个动态的过程。它是指集群组织对其内部的知识进行重新整理,摒弃无用的知识,并将集群本身和群内组织的不同层次、不同结构、不同内容的知识进行综合和集成,使之具有较强的柔性、条理性、系统性;并对原有的知识体系进行重构,使零散知识、新旧知识、显性知识和隐性知识经过整合提升形成集群新的核心知识体系。[①] 在文化创意产业集群企业的学习过程中,知识包括集群整体知识与集群内企业所拥有的专有知识、各类显性知识和隐性知识、集群原有知识与不断涌现的新知识、集群内部知识与集群外知识等多方面的整合。各类知识之间不断发生着非线性相互作用,产生了知识的整体涌现效应,各种新知识和新思维不断被创造。

集群内知识整合的内容包含以下 4 个方面:

一是现有知识和新知识的整合。现有知识在集群学习中具有基础的作用,它提供了学习新知识的平台;而学习新知识的过程则需要借助现有知识来理解和评价。在这一过程中,有意义的知识将被纳入现有知识体系,没有意义的知识将被抛弃。学习的过程实质上是已知和未知的缠绕;像滚雪球一样相互作用,使未知逐渐

---

① 陈力,鲁若愚:《企业知识整合研究》,《科研管理》,2003 年第 3 期。

成为已知被理解;未知与已知相互渗透是学习机制的关键所在。[①]通过新知识的学习,集群不断更新、重构其现有知识网络,同时也增加了集群现有零散知识结合的可能性,使其能发挥更大的作用。而知识整合就是在获取新知识的同时,不断对现有知识进行分析和整理,使现有知识和新知识实现系统的结合,从而有利于补充集群现有知识体系,同时还可能弥补现有知识片断中缺失的联系和环节,导致原有知识被激活,产生知识涌现。在这一过程中,为了防止知识的遗忘和丢失,建立集群自身储存和利用现有知识的知识网络(或称之为知识库)显得十分重要。

二是显性知识和隐性知识的整合。从集群内知识是否可以编码来看,知识整合过程实质上就是可编码的显性知识和不可编码的隐性知识这两类知识不断转换的过程。这种知识整合在文化创意产业集群中显得尤为必要。在文化创意产业集群中隐性知识向显性知识的转换体现为在创意人才头脑中的创新意识和思维转变为具有实物形态的文化创意产品,而在创意集群中创意人员之间的非正式交流则体现为隐性知识之间的转换。同时在集群、创意企业和创意人员等知识主体内部以及这些不同层次知识主体之间也进行着隐性知识与显性知识的相互整合。这种互为因果循环累积的知识整合过程不断延续下去,致使文化创意集群内的新思维和新知识不断被创造出来。

三是个体知识和群体知识的整合。文化创意集群由众多文化创意企业构成,而每个创意企业又由创意人才构成。由于每个创意人才的异质性,其拥有的知识具有专门的特性,这是个人长期积累和创造的结果;而创意企业的知识来源于其中的每个创意人员,但又不是这些知识的加总。因为知识在汇集到企业的过程中发生了知识涌现,从而在企业知识库中就含有企业中任何人都没有的新知识;同样在集群的知识网络中也就含有了任何企业所没有的

① 赵修卫:《组织学习与知识整合》,《科研管理》,2003年第3期。

新知识。个人知识与群体(包括企业层面和集群层面)所拥有的新知识发生整合,导致个人知识和群体知识的数量不断增加、品质不断提升,个人的知识存量与群体知识库不断扩充和发展,从而新知识得以不断产生。

四是文化创意产业集群内外部知识整合。现代文化创意产业是所有产业形态中最具开放性、多样性和包容性的产业,凡是文化创意产业发达的国家,其国内的文化创意产业集群之间及其同其他国家的创意集群之间都存在着密切的联系和交流。可见,文化创意产业集群创新需要大量的知识和外部资源。这些知识不可能全部完全由集群内部创造,因此必然有不少知识或灵感、思维来自于集群外部。也就是说,对外部知识的汲取有助于引入新的思想和产生多样性,为创新的选择提供帮助。尤其是在文化创意领域,知识更新速度很快,新产生的知识如不马上加以利用,就会很快贬值。因此应注意利用外部知识,以求较快地获得新思想并受益。通过集群内外部各种信息、知识的互动、协同和融合,发生着复杂的知识整合过程。集群从外部吸收的信息和知识不断转化为集群内部的信息和知识,从而使集群内部的知识积累不断增加,知识创造不断涌现。

④ 知识转化与知识创造

在英国学者波兰尼(M. Polanyi)于 1962 年最早提出显性知识和隐性知识的划分之后,日本学者野中郁次郎(Nonaka)提出了 SECI 模型(见图 4.3)。野中郁次郎是基于对显性知识和隐性知识及其相互作用和促进的深入认识,尤其是显性知识、隐性知识在知识的转化、运用和创造中的相互联系,提出了 SECI 知识创造的过程模型。尽管该模型还存在需要修正和补充的地方,但它依然被认为是对知识创造过程最为深入、透彻和有说服力的分析。知识转化有 4 个过程:社会化(Socialization)、外部化(Externalization)、组合化(Combination)和内在化(Internalization)。

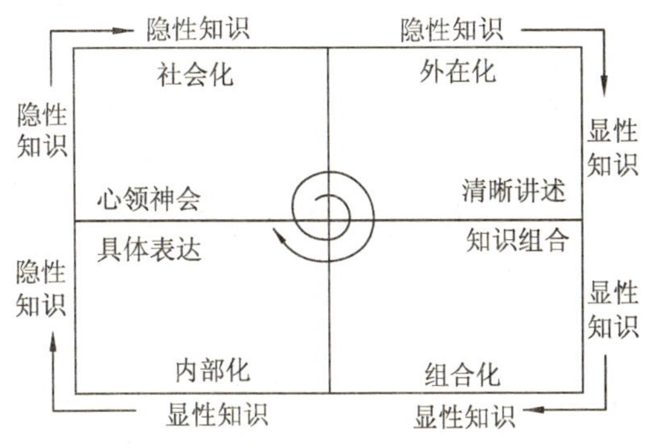

图 4.3　野中郁次郎的 SECI 模型

社会化过程是指通过把隐性知识汇聚在一起进行交流、共享而产生新的隐性知识的过程。由于隐性知识是高度个人化的知识，难以将其公式化，所以获得隐性知识的关键就是通过那些"共享经历"来体验相同的经验。也就是说隐性知识不是通过书本或语言学习掌握的，而是在实践中不断地通过观察、模仿、感悟等达到掌握的目的。例如在一些创意作品的构思上，新老创意人员共同切磋交流，从这种互动中获得的创意灵感无法通过书面文字予以表达。最佳的学习方式就是通过观察、模仿和实践，从中领悟创作的精髓。

外部化过程是指隐性知识向显性知识的转化。它是一种将隐性知识用显性化的概念和语言清晰地表达出来的过程，这个过程对整个知识创造过程来讲是至关重要的。在这个阶段，被创意人员分享的想象和创意，通过相互对话交流或文字描述得到表达并迅速传递。隐性知识已经由抽象创意阶段走向了概念和书面化表述，也就是隐性知识向显性知识的成功转换依赖于一连串的隐喻、类比、范例、概括、归纳和抽象提炼，以便从隐性知识中引发出新的明晰的概念。当隐性知识变得明晰起来时，知识就具体化了。

组合化过程是指将显性知识的各个成分或子系统相互交叉、

结合，形成更为系统和复杂的或是新的显性知识的过程。比起组合的各个成分，该过程系统性更强、内容更丰富，具有原来各子系统所没有的内容或知识，形成新的知识。简言之，该过程是将各种显性概念组合化和系统化的过程，极有可能会产生复杂知识系统的涌现。该过程是通过信息技术等手段所产生的语言和符号以增强组织内部显性知识的组合化效应。

内部化过程是指文化创意人员和创意企业吸收显性知识并使其转化为新的隐性知识的过程。在此过程中文化创意人员通过与他人的交流学习，使个人的经验在经历了社会化、外部化和整合后再次内部化为隐性知识。而这种创意人员或创意组织在新的条件下内在化了的知识可以用来拓宽、延伸和重构创意组织成员的隐性知识，进而提高其应对环境变化的实际工作能力。内部化过程通常是通过边做边学即“干中学”的方式进行的，通过汇总组合产生新的显性知识被创意组织内部员工吸收、消化，并内化为其自己的隐性知识。于是个体的隐性知识又构成组织隐性知识系统的一部分，从而成为组织有价值的知识资产。

知识创造是在显性知识和隐性知识相互作用与转化的过程中不断发展的。通过社会化过程的作用，个体或组织通过共享经历将隐性知识汇聚在一起形成新的隐性知识；新的隐性知识可以保存在个体或组织中作为其新的能力的知识基础，也可以经过下一个知识创造的阶段——外部化，将新的隐性知识外显为显性知识。外部化就是把个体或局部经验性、模糊的隐性知识上升为确定的、能够表达的显性知识。组合化是通过将不同方面的显性知识经过个体或组织的加工或融会贯通，升华产生新的显性知识。内部化是个体或组织吸收新的显性知识内化为新的隐性知识。通过上述知识循环和创造的过程，形成了知识从低一级层次向高一级层次螺旋上升的过程（见图 4.4）。

文化创意产业是以创意思维为内核的创新创造性产业，知识创新是该产业得以生存和发展的极为重要的因素。创意人群通过圈层

内的交流或行业间的协会、论坛等形式，及时沟通行业内的专业知识动向，并通过与消费者直接或间接地交流了解清楚现实状况及其需求趋向，使专业性知识与共享知识更好地结合，实现知识社会化、外在化、组织化、内部化的过程，从而不断迸发出新的创意。①

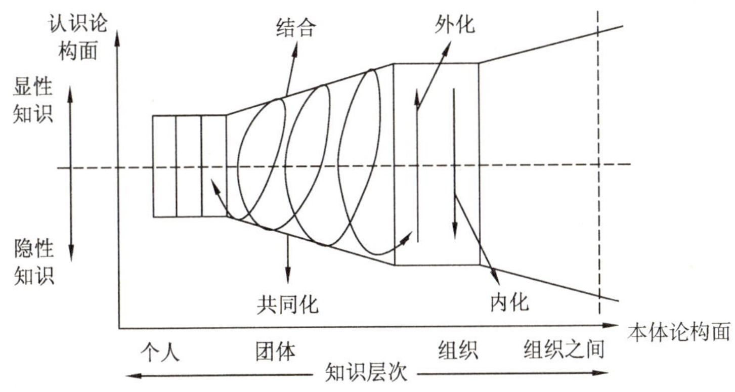

图 4.4　组织知识创造螺旋

资料来源：Nonaka，Takeuchi. The knowledge-creating company，1995.

4.3.3　集群组织与外部环境协同演化

"协同演化"一词最早出现在生物学中，现在也通过类比的方式被运用到社会经济系统中。国外学者简森（D. H. Janzen）1980年给出了严格的协同演化定义，即一个物种的个体行为受另一个物种个体行为影响而产生的两个物种在进化过程中发生的关系，是两种或多种具有密切的生态关系但不交换基因的生物的联合进化。其中两种生物互相施加选择压力，使一方的进化部分地依靠另一方的进化。学者 Mikko Jouhtio 认为协同演化是指持续变化发生在两个或多个相互依赖、单一的物种上，它们的演化轨迹相互

① 王发明：《创意产业集群化：基于知识的结构性整合分析》，《科技与经济》，2009 年第 1 期。

交织并且相互适应。[①] 而国内学者黄凯南将协同演化定义为:互动者之间必须存在相互的反馈机制,它们的演化动力是交织在一起的,即一个互动者的适应性变化会通过改变另一个互动者的适应而改变其演化轨迹,后者的变化又会进一步制约或促进前者的变化。[②] 从广义的概念来理解,协同演化又可以指生物与生物、生物与环境之间在长期相互适应过程中的共同进化或演化。当前,许多经济学者将协同演化的分析方法植入集群组织与其外部环境的互动关系研究中。基于共同演化的视角,由众多企业所构成的集群组织与其外部环境之间是一种动态的互动关系;集群组织是环境系统的一个要素,而外部环境实质上是其他组织和要素构成的集合。因而集群通过与环境中其他要素的互动来影响环境的变化,从而创造对自身有利的外部条件;而环境反过来又影响集群的演化行为,迫使集群适应环境中其他组织和要素的变化。也即集群与环境是相互影响、相互依赖的,集群行为影响和改变环境,而其本身也是受环境影响的产物。集群根植于其所处的环境并与之共同演化。[③]

文化创意产业集群与其外部环境的共同演化具有以下 4 个方面的特性。

4.3.3.1 互为因果关系

协同演化的定义中已经述及协同演化的双方是一种双向或多向的因果关系,不是谁决定谁的单向因果关系。文化创意集群作为一个由众多创意企业组成的中观层次的组织,在外部环境(制

---

① Jouhtio M. Co-evolution of industry and its institutional environment. Working Paper of the Institute of Strategy and International Business in Helsinki University of Technology,2006.

② 黄凯南:《共同演化理论研究评述》,《中国地质大学学报(社会科学版)》,2008 年第 4 期。

③ 李大元,项保华:《组织与环境共同演化理论研究述评》,《外国经济与管理》,2007 年第 11 期。

度、政策、国内外需求)的影响以及集群内部自组织机制的作用下有着自身的演化路径;而经过正反馈机制的作用,集群的演化又对外部环境(例如政府政策)的动态演化有着影响。同样集群组织与其内部成员之间也存在着这种共同演化的多向因果关系,变化可能出现在所有互动组织的群体中,并通过多向的直接或间接互动与其他系统建立反馈关系。国外学者勒温(Lewin)和沃尔伯达(Volberda)指出,在这样一个复杂的关系系统中,区分决定性变量和非决定性变量是没有意义或者不可能的,因为任何一个变量的变化都有可能是由多种变量互为因果关系内生引起的。①

4.3.3.2　多层性与嵌入性

多层性是指协同演化不仅发生在一个层级中,而且发生在其他较低或较高层级中,以及层级之间。国外学者佩蒂格鲁(Pettigrew)考察了企业内部环境(包括资源、知识、能力、企业文化、权威等)和外部环境(包括经济、政治和社会等因素)两个层级的共同演化。而鲍姆(Baum)和辛格(Singh)的研究明确考虑了组织内部、组织、群体和社区 4 个层级互动的共同演化。② 当描述一个较为复杂的经济系统如文化创意产业集群的演化轨迹时,需要建立多层级互动的共同演化的反馈机制。嵌入性的提出是演化经济学与新古典经济学中将个体预设为超越社会结构(个体所在的社会、文化、历史背景和政治因素等)的独立存在体的显著区别之处。在协同演化理论中,则将个体的行为嵌入更为广阔的文化、历史、政治和意识形态等社会制度环境中,使得对集群的演化路径更具有现实的说服力。

---

① Lewin A Y, Volberda H W. Prolegomena on co-evolution: a framework for research on strategy and new organizational forms. Organization Science, 1995,5.

② Baum J A C , Singh J V. Evolutionary dynamics of organizations, Oxford University Press, 1994.

4.3.3.3 复杂系统特征

共同演化具有明显的复杂系统特征。文化创意产业集群与其外部环境之间的互动或反馈机制往往呈现出非线性以及自组织和他组织过程的相互交织。文化创意产业集群的自组织演化过程实质上就是通过与外界环境的物质和能量交换以及子系统间的交互与协同作用,经历着从无序到有序,再从有序到无序的周而复始的过程。文化创意产业集群的他组织(或被组织)特点是指集群外部各种环境因素通过集群系统内部的自组织机制发生作用,影响集群内各个要素以及结构,使其发生变化,从而影响整个集群系统的演化发展。集群的演化过程中同样离不开他组织的积极推动作用。他组织过程不是集群自身自发、自主的过程,而是被外部动力驱动的组织过程或结果。推动集群发展的他组织主要是政府等职能管理机构以及其他行业竞争者。文化创意产业集群自组织过程的演进方向受到政府利用法律手段和政策工具的干预和影响,需要政府通过这些举措维护公平的竞争秩序和良好的商业环境。政府这只"看不见的手"通过规范和引导集群的自组织行为行使着其干预市场的职能。外部环境他组织因素是集群健康、有序演变的重要条件。他组织的行为必须遵循集群系统自身的发展规律。他组织的推动力通过集群自组织发挥作用,转化为集群内创意企业的自觉行动。由于变量间具有双向或多向的互为因果关系,因此一个变量的变化对于另一个变量变化的作用往往不同于直接或简单的因果关系。在多层级的共同演化中,系统演化将呈现出更多的复杂性和不确定性。

4.3.3.4 正反馈效应和路径依赖

正反馈效应是文化创意产业集群与外部环境共同演化的重要机制,它意味着集群本身具有创造新奇、传递新奇和扩散新奇的自组织能力。系统或秩序是处于不断扩展之中的,正反馈机制促使集群内外部的变化对其自身的影响不断放大,使得集群变得不稳定,进而离开原有状态。正反馈效应主要源自知识的外部性和边

际报酬递增。随着创新知识的不断扩散，其所具有的正外部性特征更加显著。同时创新知识在扩散过程中会衍生出更多的创新，这使得知识的边际报酬呈现递增状态。这种循环累积的正反馈效应使得集群组织与其所处的环境处在共同演化中。如果仅仅将集群视为对环境的简单适应，而不考虑环境变化和组织行为变化之间的因果关系，则很难正确理解组织的行为和绩效。路径依赖和正反馈效应有着紧密的联系。在正反馈机制的作用下，随机的非线性系统可能会受到某种偶然事件或上一时期演化轨迹的影响，而沿着一条固定的轨迹或路径演化下去，即形成一种不可逆转的自我强化趋势，从而形成路径依赖。而路径依赖的形成又有赖于个体认知结构或心智模型；稳定的认知结构或心智模型会导致集群组织演化较大的惰性和较强的路径依赖。

本章小结

本章以文化创意产业集群演化的复杂性为切入点，阐述了文化创意产业集群这种复杂系统的自组织特性和涌现性的产生；阐述了文化创意产业集群自组织成长的类型和演化机理，并将其演化归纳为群内企业创新竞合机制、组织学习机制以及集群与外部环境协同演化 3 种动力共同作用的结果。

第五章

文化创意产业集群发展的影响因素分析

5.1 文化创意产业集群发展的一般性影响因素分析

产业集群形成和发展的影响因素一直是国内外学者研究的热点问题，近些年以创意产业为代表的创新型产业更是成为学者们关注的焦点。理查德·弗罗里达（Richard Florida）认为一个地区要想发展创意产业需具备3个条件，即所谓的"3T"——创意人才（Talent）、创意技术（Technology）和城市文化包容度（Tolerance）。[①] 格雷格·赫恩（Greg Hearn）则把知识产权保护机制、创意人才群体、有效的信息交流平台以及完善的风险投资体系称为创意产业发展所必需的基本要素。[②] 我国学者陈倩倩、王缉慈认为只有创新城市才能发展文化创意产业，认为城市需要提供效率基础结构，如公共服务、运输、电信等，更重要的是还需提供创意基础结构，包括高品质的大学、研发设施、风险投资及知识产权保护等以及能够吸引创意人群的社会环境。[③] 王志成等认为城市发展创意产业的主要影响因素为城市创意经营环境和城市创意资本基础

① Florida R. The rise of creative dass. Basic Books, 2003.

② Hearn G, Cunningham K S, Ordonez D. Commercialisation of knowledge in universities: the case of the creative industries. Prometheus, 2004,7.

③ 陈倩倩，王缉慈：《论创意产业及其集群的发展环境——以音乐产业为例》，《地域研究与开发》，2005年第5期。

两个方面：前者由创意氛围、商务环境和知识产权保护等要素构成；后者则由制造业基础、人力资本基础和技术资本基础等要素度量。① 王洁则将创意产业集聚的影响因素归结为创新系统、产业特征、区域环境、政府支持以及偶然因素5个方面。② 蒋雁、吴克烈探索性地提出了影响杭州创意产业区形成与发展的4个维度的因素，即创意本身的特征、创新环境、网络环境和政府支持；通过对杭州四大创意产业区的实地调研，验证并构建了创意产业区形成与发展的影响因素模型。③

通过阅读和研究上述文献，笔者将影响文化创意产业集群发展的因素归纳为以下5个维度：制度政策因素、社会文化因素、市场因素、企业创新因素、企业网络环境因素。因而有如下假设。

假设1：影响文化创意产业集群发展的因素由制度政策因素、社会文化因素、市场因素、企业创新因素、企业网络环境因素5个维度构成。

5.1.1　制度政策因素

5.1.1.1　知识产权制度因素

(1) 完善的知识产权制度是文化创意产业集群发展的前提

经济学家霍金斯在《创意经济》一书中，把文化创意产业界定为"其产品都在知识产权法的保护范围内的经济部门"。而美国更是将创意产业的概念用版权产业来替代，以直接说明创意产业即是生产及分销知识产权的产业特性。从经济学视角看，知识产权制度不仅在于奖励创造者的劳动，更在于保证他们获得合适的激励，从而更加致力于创造活动。通过知识产权立法授予知识产品创造者对知识产

---

① 王志成，谢佩洪，陈继祥：《城市发展创意产业的影响因素分析及实证研究》，《中国工业经济》，2007年第8期。

② 王洁：《产业集聚理论与应用的研究——创意产业聚集影响因素的研究》，同济大学博士学位论文，2007年。

③ 蒋雁，吴克烈：《基于因子分析的创意产业区影响因素模型研究》，《上海经济研究》，2009年第1期。

品在一定期限内的垄断权，使得知识产品创造者无意识的、偶然的发明动机被激发为有意识的、不间断的、持续的活动，从而调动知识创新者的积极性。知识产权制度使知识产品成为私人物品，有效降低了外部效应，避免知识产品成为公共物品；这对发明创新起到了极大的激励作用，进而促进了文化创意产业的发展。通过分析文化创意产品的本质可以发现：① 知识产权制度所保护的客体与文化创意产业集群的最终产品相重合。创意产品的核心内容是创意，而知识产权是一种无形财产权，它的客体正是该种创造性智力成果，即非物质的、创新的知识和技术。创意产业创新成果产权化的形式正是知识产权，即知识产权是创意产品的核心无形资产。从形成创意到创意产品的生产和营销，整个产业链的各环节都离不开知识产权制度特有的创新激励效应和收益保障机制，可见创意产品和知识产权关系非常密切。② 文化创意产业所蕴含的风险使得文化创意产业需要知识产权制度来加以保护。市场对文化创意产品需求的不确定性使得生产创意产品具有较大风险。同时，由于文化创意产业本身具有高增长、高回报以及高风险特性，交易各方都在努力寻求相关制度安排以规避开发和经营风险。而知识产权制度赋予知识生产者对其知识产品在一定期限内进行商业利用的独占权，即独占性地使用知识产权保护的技术、作品、商业标志的权利。这种权利使得知识产权拥有者不仅能够从垄断的市场中收回生产成本，而且还能获得丰厚的利润。由此可见，创意产品与知识产权保护的内在关联性使加强知识产权保护成为影响文化创意产业集群发展的关键制度因素。[①]

(2) 知识产权制度对文化创意企业创新行为激励效应的演化博弈模型构建

文化创意企业的创新行为要获得成功，只能靠激励和引导以及良好的法律环境来调动广大从事创新工作人才的积极性，而知

---

① 王宇红，贺瑶：《创意产业发展的知识产权保护体系研究——以西安创意产业为例》，《中国科技论坛》，2009 年第 5 期。

识产权制度的确立是一种直接的创新激励机制。技术创新在知识经济的冲击下，创新成本越来越大，风险不断增加。文化创意企业被授予相应的知识产权后，可凭借技术上的垄断地位，在市场竞争中获取合法的高额垄断利润，收回投资成本。这样既能确保文化创意企业技术创新的顺利进行，又可促进其投入更多的资金进行技术创新，从而形成一种良性循环。在知识产权的有效保护期内，文化创意企业可通过技术转让和使用许可获取可观的利润，这又从经济上、技术上激励企业技术创新。①

下面构建知识产权制度对文化创意企业创新行为作用机制的演化博弈模型：

演化博弈论是把博弈理论分析和动态演化过程分析结合起来的一种理论。演化博弈是关于行为策略的相互作用与迭代过程的博弈论模型，它的基本原则是生物进化论的适者生存原则。与传统博弈模型不同的是：演化博弈论研究的对象是“种群”，而不是单个的参与者；所关心的是种群结构的变迁，而不是单个参与者的效用分析。演化博弈问题所关心的焦点是“演化稳定策略”(ESS)，即如果某个系统中的参与者都采取“演化稳定策略”，那么采用其他策略的个体将无法侵入这个系统。

分析文化创意企业的创新行为时可将参与者分为具有较强创新能力的企业和普通企业两类。基于有限理性的假设，在技术创新的初始阶段，文化创意企业不可能准确地知道自己所处的利害状态，而是通过最有利的策略逐渐模仿下去，最终达到一种均衡状态。具体而言，每一轮博弈都是在这两类参与者集合中随机抽样，由被选出来的参与者进行博弈，获得在博弈中所得的利益。上述过程重复进行，直至找出系统的演化稳定策略。需要强调的是技术创新的演化通常有多种不动点或均衡点的选择；而最终进入哪

① 盛辉：《知识产权保护与技术创新的双向作用机制》，《科技管理研究》，2009年第4期。

一个均衡点，取决于技术创新市场演化的初始状态以及制度安排。

可以假设创新力强的企业战略集为(创新，不创新)，普通企业的战略集为(模仿，不模仿)。假定两类企业的产量都为 m，单位产品利润为 b；创新力强的企业创新成本为 C_1，普通企业的模仿成本为 C_2。

该博弈的支付矩阵如表 5.1 所示。

表 5.1　创新力强的企业与普通企业策略交往的支付矩阵

普通企业	创新力强的企业	
	创新	不创新
模仿	$2bm-C_2$，$2bm-C_1$	0，0
不模仿	$0.5bm$，$4bm-C_1$	bm，bm

设创新力强的企业群体选择“创新”战略的比例为 x，普通企业群体选择“模仿”战略的比例为 y；创新力强的企业选择创新和不创新的期望收益分别为 U_1 和 U_2，平均收益为 $\overline{U}$，则有：

$$U_1=y\times(2bm-C_1)+(1-y)\times(4bm-C_1)$$

$$U_2=y\times 0+(1-y)\times bm$$

$$\overline{U}=x\times U_1+(1-x)\times U_2$$

同理，普通企业选择模仿和不模仿的期望收益分别为 V_1 和 V_2，中小企业群体的平均收益为 $\bar{V}$，则有：

$$V_1=x\times(2bm-C_2)+(1-x)\times 0$$

$$V_2=x\times 0.5bm+(1-x)\times bm$$

$$\bar{V}=y\times V_1+(1-y)\times V_2$$

根据 Malthusian 动态方程，即策略的增长率等于它的相对适应度。只要采取这个策略的个体适应度比群体的平均适应度高，那么这个策略就会增长。由此可得创新力强的企业和普通企业的复制动态方程为：

$$\begin{aligned}F(x)=\frac{\mathrm{d}x}{\mathrm{d}t}&=x\times(U_1-\overline{U})\\&=x\times(1-x)\times(U_1-U_2)\\&=x(1-x)(3bm-ybm-C_1)\end{aligned}\tag{5-1}$$

$$F(y)=\frac{\mathrm{d}y}{\mathrm{d}t}=y\times(V_1-\overline{V})=y\times(1-y)\times(V_1-V_2)$$
$$=y(1-y)[bm(0.5x+1)-C_2] \tag{5-2}$$

两类文化创意企业之间的博弈可以用两个微分方程(5-1)和(5-2)组成的系统来描述。该系统有5个局部均衡点，分别为(0,0)、(0,1)、(1,0)、(1,1)以及($bm/(C_2-0.5bm)$,($3bm-C_1)/bm$)。对于一个由微分方程描述的群体动态，其均衡点的稳定性可由该系统的雅可比矩阵的结构分析得出。该系统的雅可比矩阵为：

$$\boldsymbol{JE}=\begin{bmatrix}\frac{\mathrm{d}F(x)}{\mathrm{d}x} & \frac{\mathrm{d}F(x)}{\mathrm{d}y}\\ \frac{\mathrm{d}F(y)}{\mathrm{d}x} & \frac{\mathrm{d}F(y)}{\mathrm{d}y}\end{bmatrix}$$
$$=\begin{bmatrix}(1-2x)(3bm-ybm-C_1) & (-bm)x(1-x)\\ (0.5bm-C_2)y(1-y) & (1-2y)[bm(0.5x+1)-C_2x]\end{bmatrix}$$

根据雅可比矩阵的局部稳定分析法对上述5个均衡点进行稳定性分析。第一种情况是：当$1/2bm-C_2>0$，$C_0>C_2$且$2bm-C_1>0$时，各均衡点雅可比矩阵行列式与迹的符号分析如表5.2所示，相位图如图5.1所示。

表5.2　第一种情况下各均衡点雅可比矩阵行列式与迹的符号分析

均衡点	det***J***		tr***J***		结果
$x=0,y=0$	$(3bm-C_1)bm$	+	$4bm-C_1$		+不稳定
$x=0,y=1$	$(2bm-C_1)(-bm)$	−	$bm-C_1$		鞍点
$x=1,y=0$	$(C_1-3bm)(3/2bm-C_2)$	−	$-3/2bm+C_1-C_2$		鞍点
$x=1,y=1$	$(C_1-2bm)(C_2-3/2bm)$	+	$C_1+C_2-7/2bm$	−	ESS
$x=bm/(C_2-0.5bm)$，$y=(3bm-C_1)/bm$	$\frac{(C_1-2bm)(3bm-C_1)(2bm-C_1)}{C_2-1/2bm}$	+	0		+不稳定

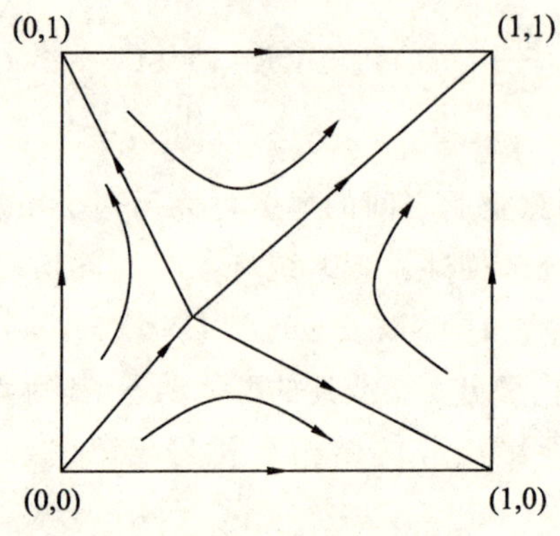

图 5.1　第一种情况下的相位图

第二种情况是：当 $2bm-C_1>0$，$C_2>C_1$ 且 $C_2>3/2bm$ 时，各均衡点雅可比矩阵行列式与迹的符号分析如表 5.3 所示，相位图如图 5.2 所示。

表 5.3　第二种情况下各均衡点雅可比矩阵行列式与迹的符号分析

均衡点	det$\boldsymbol{J}$		tr$\boldsymbol{J}$		结果
$x=0,y=0$	$(3bm-C_1)\times bm$	+	$4bm-C_1$	+	不稳定
$x=0,y=1$	$(2bm-C_1)(-bm)$	−	$bm-C_1$		鞍点
$x=1,y=0$	$(C_1-3bm)(3/2bm-C_2)$	+	$-3/2bm+C_1-C_2$	−	ESS
$x=1,y=1$	$(C_1-2bm)(C_2-3/2bm)$	−	$C_1+C_2-7/2bm$		鞍点
$x=bm/(C_2-0.5bm)$，$y=(3bm-C_1)/bm$	$\dfrac{(C_1-2bm)(3bm-C_1)(2bm-C_1)}{C_2-1/2bm}$	+	0		不稳定

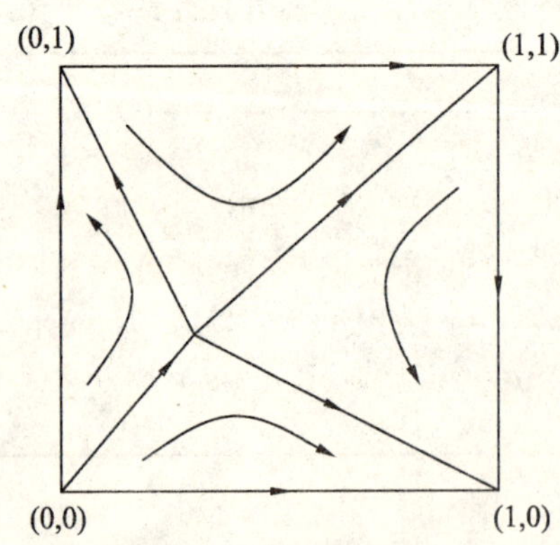

图 5.2　第二种情况下的相位图

由表 5.2 和表 5.3 以及图 5.1 和图 5.2 的对比可以看出，当 $C_1>C_2$ 即创新力强的企业创新成本高于普通企业的模仿成本时，博弈的最优解为 ESS(创新，模仿)；而当 $C_1<C_2$ 即创新力强的企业创新成本低于普通企业的模仿成本时，博弈的最优解为 ESS(创新，不模仿)。其含义为，当该文化创意产业集群无完善的知识产权保护制度或制度执行不力时，会诱使普通企业去模仿创新力强的企业的创新成果，导致应由创新力强的企业所得的一部分创新收益为普通企业所获得，从而使得创新力强的企业缺乏充足的创新原动力。反之，当一国政府制定并执行严格的知识产权保护制度，普通企业想要通过模仿创新获取收益的代价高于其通过其他途径获得技术创新成果的成本，这时它们就会放弃模仿创新的道路，另辟蹊径，从而有效地保护了创新力强的企业的创新成果，激起其更加强烈的创新动力。可见，不同的制度环境对文化创意企业的创新行为有着截然不同的作用。也即这种制度一方面鼓励文化创意企业重视知识产权保护；另一方面又加剧了文化创意企业技术创新的竞争，促使其提高创新效率，激励其率先创新而获取知识产权保护，从而加速整个文化创意集群的技术创新行为。

5.1.1.2 风险投资因素

风险投资是指由专业投资人将风险资本投向新兴的、迅速成长的、有巨大竞争潜力的未上市公司(主要是高科技公司)；在承担很大风险的基础上为融资人提供长期股权资本和增值服务，培育企业快速成长；通过上市、并购或其他股权转让方式撤出投资并取得高额投资回报。创意产业的风险投资是一种以创意经济为基本增值点，集内容、科技、管理于一体的资金运作模式。专业投资人在承担风险的前提下向有潜在发展前景的创意产业项目、产品注入资本，并运用科学管理方式协调创意产品的生产，增加创意产品的附加值。风险投资进入创意产业体现了智力资本与物质资本共担风险、共同发展的双向价值诉求。①

对于文化产业来说，要把一个创意从简单的想法转化成现实生产力，除了人力密集程度更高、收益更难预测、经营风险更高之外，所面临的一切实际困难都与高科技行业非常类似。因此，文化创意产品与风险投资之间存在着客观必然的经济关联。文化创意产业具有较高的成长性，它以人的精神创造力为基础，属于人力资源密集型产业类型；尤其是近年兴起的以互联网为代表的新媒体，更是将创业者的智慧发挥到极致。风险投资作为一种新兴的投资方式，改变了以往资本雇佣劳动的关系，而更多地表现为劳动雇佣资本的关系，创业者凭借智慧力量寻求与资本的合作。对于典型的以精神创造力为核心的文化创意产业来说，创新性要求远远高于其他行业，其面临的风险也要高于其他行业。选择风险投资方式发展文化创意产业体现了文化与资本共担风险、共同发展的双赢价值诉求。

风险投资对知识经济，尤其是现代科技的发展起着举足轻重的作用。科学技术向现实生产力的转化需要大量的资金，而与高科技企业性质相类似的文化创意企业在创业阶段往往缺乏原始资本的积累；同时，经营的高风险性和贷款资信的难以查询又使得文化创意企业很难从金融机构等传统渠道获得融资，因此，文化创意企业往往只能求助于风险投资，而视知识为资本的风险投资机构又很乐意提供帮助。因为风险投资的实质就是在知识创新群体的创业阶段提供帮助，使有潜力的人力资源转化为具有市场价值的人力资本；通过承担此过程中的经营风险，以相对低价来分享人力资本的高成长性和高增值性带来的利润。这正是中国发展文化创意产业发展所急需的。

5.1.1.3 政府政策在文化创意产业集群中的角色定位和职能

1950 年，法国经济学家佩鲁提出了增长极理论，该理论倡导一

---

① 胡娜：《论现阶段创意产业对接风险投资中的问题》，《江淮论坛》，2008 年第 1 期。

种由政府进行人为干预以促进地区经济发展的机制。它将政府在产业聚集形成、发展过程中的作用放大，并认为有了政府对主导产业或专业化企业的投资建设，就会产生围绕这些关键性产业或企业的聚集，最终带动整个区域的发展。①

美国著名战略管理学者波特认为在产业集群的形成发展过程中，政府无可避免地要扮演多重角色。首先，政府应扮演宏观经济稳定的维护者角色。其次，政府要发挥改善经济体中微观经济的一般能力和运作效率的作用，而这要靠改善一般资源的效率和品质，例如加强有效的硬件建设、提供准确及时的经济信息等，这些方面的投入应成为其他事物的基础。再次，政府应建立整体的微观经济规则并对微观经济的竞争行为实施有效监督，包括制定促进竞争的产业政策、鼓励投资的赋税体系以及建立能考评管理者绩效的企业监管规则等方面。最后，波特认为政府在产业集群中最适当的角色应是推动者，即加强政府各部门之间的协调和配合，让所有关键性的成员都参与其中，以消除制约产业集群发展的政策性障碍，从而营造一个促进产业集群发展的良好商业环境。②

综上所述，政府在经济活动中的作用主要体现为以下几方面：① 介入经济活动，消除市场失灵给微观经济主体带来的不利影响，实现资源的有效配置；② 提供私人部门无法提供或不愿涉足的大型公共产品和服务；③ 通过制定法规调节市场运行，保护生产要素所有权，并消解阻碍市场有效运转的因素。简言之，政府在促进产业集群发展过程中所承担的角色为管理者、监督者和协调者。

从我国国情来看，文化创意产业的发展需伴随着我国文化产业体制改革的不断深化，而文化产业和文化体制的改革与推进离不开政府的作用。政府职能主要体现为以下几方面：① 积极的公

---

① 田慧：《政府在文化创意产业集聚过程中的作用》，上海交通大学硕士学位论文，2008 年。

② ［美］迈克尔·波特：《竞争论》，高登第，李明轩译，中信出版社，2003 年。

共政策引导有助于放大文化创意产品的正外部性并规避负外部性影响。尽管文化创意产业作为一种产业形态，更多地体现为现代经济发展模式和经济运作，但在市场经济条件下，社会主体把利润最大化原则导入文化生产以后，不可避免地会出现当文化生产的社会影响与商业利益相冲突时生产主体会倾向于商业利益的现象，从而出现与国家所提倡和要求的主流价值观相违背的结果。这就是把文化产业化以后文化与其他商品的本质区别。这就需要政府提供有效的市场规范，以确保文化生产在正确的轨道上运行。这是文化产业发展的必备条件。② 完善的产业政策是文化创意产业集群快速发展的重要推力。文化创意产业与钢铁、汽车产业相比，属于资本和技术密集型的新兴产业。世界主要发达国家都对其发展给予了足够的关注，通常都制定有完善的产业政策予以扶持。

5.1.1.4　产业基础设施因素

这里的产业基础设施主要是指硬件基础设施。硬件基础设施是文化创意产业集群基础设施的重要组成部分，和集群公共服务机构、代理机构及政府等共同构成支持整个文化创意产业集群发展的基础结构。对于公共服务机构等软性基础机构，笔者将在后文的企业网络环境因素中予以分析。硬件基础设施包括全部为企业集群提供硬件支持的要素，如道路、水电、通信网络等设施。从国外产业集群发展情况看，随着通信技术的飞速发展，即使是从事传统产业的集群，也把互联网等现代通信手段看做促进集群经济发展的重要因素。而文化创意产业集群的成长和演化更是离不开完善的基础设施条件。创意产业集群往往选择在具有深厚文化底蕴的“三 T”(即技术、人才和包容)型城市集聚。当前那些技术发达、人才密集和高度开放的国际大都市如纽约、伦敦、香港等都是创意产业集聚区最集中、最发达的地区。主要原因在于这些“三 T”型城市不仅具有完善的基础设施、优越的区位条件、巨大的高级生产要素优势，而且通常都是区域内乃至全国的经济、文化、科技、

金融中心。

假设 2:制度政策因素主要影响指标为知识产权保护机制 X_1、风险投资融资方式 X_2、政府对产业发展的扶持政策 X_3、产业基础设施 X_4 4 个方面。

5.1.2　社会文化因素

5.1.2.1　创意人才供给因素

创意产业集群的形成和发展需要当地拥有充裕的创意人才供给。文化创意集群的发展需要不断有创意人才的更替,以保持创意的延续性。而创意人才的不断补充又依赖于地方劳动力市场的柔性化。柔性劳动力的发展造成了兼职员工大量出现和柔性劳动力市场的产生。值得注意的是,柔性劳动力市场在文化创意产业集群发展中有其特殊重要性,主要表现为以下几个方面:首先,在柔性劳动力市场中可以方便地获得各种劳动力。文化创意产业是一种集智力和劳力密集型于一体的服务消费产业,既需要一般技能的劳动者进行文化创意产品的生产加工,也需要具有较高创新思维的高层次人才。其次,组织的柔性化能吸引更多创意人才加入。创意产业的工作方式大多是项目导向的团队工作,具有短时性和临时性特征。许多创意人才更倾向于兼职的工作意向,这就要求在人才组织方面能柔性化,允许创意人才从事兼职工作。另外在文化创意产业集群周围有与创意设计相关的大学和学院是有效供给创意人才的要件。大学是创意人才密集的地区,大学生一般来自五湖四海,这些在不同地域文化中成长的人将其拥有的不同思想汇集于此,这种多文化背景正是创意思想不断产生的源泉。而且高等学府的社会氛围开放,年轻人居多,能容忍不同思想、另类人群的存在,社会容忍度较高。这些都为当地创造力和研发能力的发展提供了合适的土壤。当前国内外许多文化创意产业区都位于大学的周边,当地产业活动和学习及地方文化交织在一起。此外,大学可以作为一个节点,将世界其他重要学习中心联结起来,为创意思想的产生和扩散提供纽带。

5.1.2.2 文化创作氛围因素

文化创意产业集群发展的关键要素是大量受过高等教育并有着独特创意个性的人才，而良好宽松的文化创作氛围则是他们选择工作、生活地点的必备条件。一个对创意阶层具有吸引力的城市既需要有大型的文体艺术场馆，也需具备一些像酒吧、咖啡店、特色餐馆、小剧场等小规模的街区便利设施以及经常性的各类艺术展示，另外还需要大量艺术和音乐空间、本土街道文化等。这些都超越人们家庭、职业和社会关系范围的交流，有助于形成创造力的公共空间。这些空间让人感到舒服放松，同时通过交流能刺激更多样性的社会环境，有助于创意思想的形成。这些现实的公共空间再加上在互联网络上建立的虚拟空间，共同构成了极易激发文化创作的创意氛围。

文化是一个地方与另一个地方相区别的本质特性。文化遗产是对当地经济社会发展状态的一种历史再现，它是过去创造力的总和，这种创造力的结果是保持社会不断前进。具有丰厚文化遗产的城市通常拥有进行文化创作的先天优势，因而具备形成良好文化创作氛围的先决条件。创意可由这种“文化遗产”旧事物的“文化特色”激发而成。创意产业集群大多在中心区域发展，正是“中心区域文化继承性”导致了创意的不断产生；创意活动是被中心区域独一无二的经济、物质和社会文化特性所驱动的产物。一些设计和创意活动一般都倾向于在大都市核心专业化氛围内高度“地方化”。

作为历史沉淀的地方文化是创意发明的核心，也是创意产业集群形成区域独特竞争优势的重要动力之一。因为具有特定传统和惯例的地方文化，存在于给定的城市区域如创意产业集群，从而可以形成具有地方独特性的地方产品。这些产品虽能被其他地方模仿，但不可能被完全复制。特别是在新的文化经济中，创意产品时刻拥有与直接起源地点相关的特征。地方文化之所以能对创意产业集群的发展产生强大的动力作用，主要原因在于文化资源正日益成为经济发展的核心动力。文化资源体现在人们的技巧和才能中，不仅可以是事物，如建筑，也包括象征性活动与地方手工艺产品和服务。

5.1.2.3 员工创业精神因素

我国学者丁栋虹认为，缺乏既懂技术（产品）创新又懂营销策略、能将创意推向市场的企业家人才是我国虽拥有大量创意元素却无创意产业的重要原因之一。拥有创新精神、机会识别以及冒险精神是企业家人才区别于其他人才的根本特征，同时也是优秀的文化创意人员应具备的特质。熊彼特指出，企业家最突出的动机来自于“个人实现”的心理，即拥有对胜利的热情、创造的喜悦、坚强的意志等品质。这些“个人实现”的心理正是企业家创新精神之所在。企业家不但能感觉到机会，还能捕捉住机会并创造利润。使企业家与旁人相区别的是企业家的“悟性”和特殊的知识。勇于承担创业风险是企业家人才能抓住稍纵即逝的市场机会并能创造收益的前提。当前许多重要的创新是个人而不是厂商完成的，个人承担了创新的风险。从事文化创意工作的人员通常富于想象力、头脑灵活，因为新思维和创意的来源是对常规和传统的突破；他们相比于从事其他职业的人来说很少循规蹈矩、墨守成规，而恰恰敢于创新和打破常规。① 在文化创意产业集群中，各类从事文化创作的人员均需要有强烈的创新意识，因为只有创新才会有创意灵感的闪现，有创意火花的迸发。创意能力是文化创意产业集群产生和发展的关键因素，是文化创意产业的灵魂。从事文化创意的原创人员需要以创意能力进行创造性的构思，从事经营决策的人才需要以创意能力进行创意产品的经营和推广，可见这种创新能力是文化创意人才必备的首要素质。可以说，凡是优秀的创意人员通常都具备明显的企业家创新精神。

---

① 厉无畏：《创意产业导论》，学林出版社，2006 年。

假设 3:社会文化因素主要包括当地人才供给状况 X_5、当地文化创作氛围 X_6、员工创业精神 X_7 3 个方面。

5.1.3 市场因素

5.1.3.1 文化创意产品的市场需求因素

经济发展诱使文化体验类消费需求不断增加。随着我国国民经济高速发展,人民生活水平不断提高,大众特别是青少年对创意性、时尚性强的文化创意产品显示出越来越强的需求。但当前我国文化创意产品的供给严重不足。统计表明,中国国内文化产品市场的供给存在 70%的缺口。大力发展文化创意产业,迎合文化体验消费的市场需求,能够培育形成“体验经济”时代的消费新热点,满足人们多元化的文化体验需求。以创意动漫产品为例,动漫产业包括创作、制作媒体传播产品的产业和设计生产与动漫相关的周边或衍生产品的产业。目前,我国动漫影视产品消费群约有 5 亿人,我国各电视台国产动画片年需求量为 28 万分钟,而现有实际制作能力仅有 2 万分钟。此类文化创意产品供需差异十分明显。同时随着视频媒体技术、渠道和内容的日新月异,社会已进入了视觉文化时代;直观、易读的大众文化产品以动画作为标准的视觉娱乐方式,其受欢迎程度越来越深,影响力越来越大。从日本动漫作品的发展现状来看,其受众已经涵盖儿童、青少年、青年、中年甚至老年等各个年龄段的受众。可以预见我国动漫产业今后发展也会呈现出“全体面向”的特征。由此看出,以动漫产品为代表的文化创意产品具有庞大的消费市场和巨大的发展空间。

5.1.3.2 文化创意企业面对的市场竞争因素

文化创意产业与传统产业不同,其对于发达国家同样也算是新兴产业。尽管当前我国在该领域与西方发达国家存在着差距,但差距相对较小。我国国内文化创意产业尽管起步较晚,但发展速度较快。北京、上海、深圳等地已经成为我国文化创意产业发展的中心城市,尤其是上海已成为我国大陆地区文化创意产业发展最为迅速的城市。当前我国长江三角洲的重要节点城市如杭州、

南京、苏州、无锡、常州等已将文化创意产业列为城市未来发展的重要支柱产业，不断加大扶持与推动力度。目前我国文化创意产业已进入快速发展期，可以预见今后该领域竞争将会较为激烈。

5.1.3.3　文化创意企业参与国际合作因素

集群内企业参与国际合作有时会对集群的快速发展起到十分关键的作用。初始阶段集群企业也许处于创意产品价值链生产的末端，仅提供辅助性的配套服务；随着与价值链其他企业合作的展开和相互之间信任关系的加深，企业之间人员的交流和沟通会不断增强配套企业对新知识的理解吸收；配套企业的生产能力会得到提升，也有可能向创意产品价值链的前端衍生。前文所述加拿大 BC 省动画产业园区的兴起就源于其参与美国动漫产品的生产加工，即起初园区的大部分合同是为美国公司提供初期的设计图样、动画配音和声音合成等辅助配套服务，这成为 BC 省动画产业发展的主要原动力。

假设 4：市场因素主要影响指标为文化创意产品的市场需求 X_8、文化创意企业面对的市场竞争状况 X_9、文化创意企业参与国际合作的状况 X_{10} 3 个方面。

5.1.4　企业创新因素

5.1.4.1　公司对新知识的吸收能力

科恩(Cohen) 和利文索尔(Levinthal)于 1990 年对企业的知识吸收能力进行了界定，认为它是由识别评价、消化和应用外部新知识的能力这 3 个成分组成的一个相承的连续过程，具有路径依赖性，是研发活动的副产品。① 吸收能力被用来解释企业通过学习、发展和吸收新知识创造竞争优势的过程。它从企业学习能力的角度探讨企业如何获取并保持竞争优势，关注企业外部资源而不与关注企业内部独特资源的资源基础理论相矛盾。他们认为外部资源对企业获取独

① Cohen W，Levinthal D. Absorptive capacity: a new perspective on learning and innovation. Administrative Science Quarterly，1990，35(1).

特资源至关重要。企业如果要动态地占有独特资源，必须保持对企业外部资源的开放和不断的吸收。企业吸收能力就是企业“评价、消化和应用新知识于商业目的的能力”，“组织的吸收能力依赖于组织成员的吸收能力”。企业潜在吸收能力可以帮助其从联盟合作者或其他合作关系那里获得并学到技术或与引进技术相关的操作经验技能，帮助其模仿其他企业的创新成果。因此这种能力可以令企业获得战略柔性，有利于其在快速变化的环境中迅速获取有关技术和知识，求得生存和发展，并取得和保持竞争优势。企业的实际吸收能力可以帮助企业创造新的知识，实现自主创新。

5.1.4.2　企业创新氛围因素

当前，有学者根据组织氛围对创新活动影响结果的不同，将组织氛围划分为两种：一种是组织成员感到能够促进其实施创新活动的氛围，称为积极氛围；另一种是组织成员感到阻碍了创新活动的氛围，称为消极氛围。在积极氛围中员工能感到自己正在实施的创新被同事或组织接受，因而这又激励其进一步开展知识更新和创新，并努力提高创新水平。而消极的组织氛围使员工感到实施创新遭到其他同事的反对，其学习创新知识的信心和兴趣受到打击，继而丧失创新动机。文化创意产业创新的本质特征使得文化创意企业内部需要倡导个人创新和崇尚探索精神的工作环境。文化创意产品的制作流程有别于传统产品，从新创意的萌生到创意的显性化直至最终创意产品的实现，这个流程的每一阶段都需要创意人员的探索精神和集体交流的合作态度。可以想象，这种特殊产品的生产是很难在一种压制创新、给工作人员以工作指令并以计件生产计算个人报酬的管理模式下实现的。创意产业从业人员通常十分注重产品的原创性和产品卓越的艺术表现，会遵循自己的原则进行创作。他们的创意来自于内在的想象、情感和热情。[①] 他们拒绝受拘束，崇尚自由宽松的企业创作氛围。

① 厉无畏：《创意产业导论》，学林出版社，2006年。

5.1.4.3　公司对员工创业的态度

在文化创意企业工作的核心员工，在工作中逐步掌握了企业的隐性知识，同时具有很高的创业热情，他们往往会离开原企业进行创业：由于他们在企业就业的过程中积累了企业运作的经验、培养了企业家精神，往往在当地拥有社会关系网络，因此他们通常会选择在当地创建新企业。这些创业企业通常能够得到良好的发展，其创业成功的可能性比较大。员工创业的行为对于行业的发展能够起到以点带面的作用，从而促进了这一区域的产业集群的形成和发展。① 员工创业的实质是依赖在原企业就业过程中积累的资源，通过人力资本员工的传导，对原企业的核心能力进行复制。因此，在企业内部掌握了企业核心能力的员工是成功企业天然的模仿者。就文化创意产业集群健康发展的具体情况来看，对一个处于成长期的文化创意企业来说，其企业规模小和市场竞争力弱是显而易见的，因而在此阶段需加强对其所生产产品的知识产权保护。在此基础上，文化创意企业应具有鼓励员工创业的开明态度，不限制员工创业的行为，不为他们创业设置障碍和阻力，让那些具有企业家潜质的员工能够有展示自己的舞台。从原企业出来创办自己的企业是其他传统产业集群快速成长的重要内生路径，而这对于文化创意产业集群同样适用。

假设5：企业创新因素包括公司对新知识的吸收能力 X_{11}、企业的创新氛围 X_{12}、公司对员工创业的态度 X_{13} 3个方面。

5.1.5　企业网络环境因素

5.1.5.1　企业之间相互学习和交流的状况

文化创意产业集群作为一种产业空间组织，是隐性知识的主要传播渠道。它为创意人员提供了交流的平台，艺术家和创意设计人员可以聚集在一起，相互交流和相互启发，共享知识和信息。

① 陈柳，刘志彪：《人力资本型员工的创业行为与产业集聚生成机制》，《产业经济评论》，2008年第3期。

同时文化创意产业集群内部各企业之间频繁交流，在实际生产过程中通过“干中学”模式也积累了很多新知识。这些高度个人化和专属性的隐性知识通常主要隐含在个人经验和思想之中，难以规范化，也很难通过媒介进行传递；这种知识主要通过文化创意集群内部人们近距离、面对面交流的方式实现知识交流与溢出，从而产生创意。① 在创意产业集群中，知识的交流与碰撞是产生创意的最为关键的要素，特别是在创意萌芽期，一般是以难以传播交流的隐性知识形式出现；但由于隐性知识的专属性，这对于由多种文化创意门类糅合在一起的文化创意产业集群来说，其传递过程尤为困难，只得借助非正式的方式进行交流。所以，建立在创意产业集群内部高效的生产系统基础上的各种复杂的、非正式的要素流动渠道是激发创意的重要保障。

5.1.5.2 文化创意产业集群的知识外溢状况

文化创意企业之间的相互学习和交流直接产生了信息和知识的外溢；溢出的知识与创意集群内企业和个人原有知识整合，从而萌发出新的创意和创新，促进了文化创意集群的发展。这也是文化创意产业走集群化发展路径的根本目的。文化创意产业集群中，单个创意企业通过对创意的实现、创新和开发所获得的“新知识”会通过一些渠道“外溢”出去，逐渐为更多的企业所共享，进而成为整个集群的公共知识。文化创意产业集群的知识主要指集群中各组织之间流动和转换的知识，包括显性知识和隐形知识。隐性知识大量溢出是文化创意产业集群知识溢出的主要特征。隐性知识存在于个体之中，难以编码，其转移和扩散不同于显性知识，其流动与溢出产生必须存在近距离的知识交互。文化创意产业集群中的隐性知识是集群中最具价值的知识，主要通过交流与各类活动产生流动，并产生新的隐性知识和显性知识。从事创意工作

① 王发明：《创意产业园区的网络式创新能力及其集体学习机制》，《科技与经济》，2009年第3期。

的人在集群宽松的氛围中工作、交流，极易产生新的创意，进而导致隐性知识大量溢出。

5.1.5.3　集群内企业之间的信任度

信任的存在是文化创意集群内各成员企业间开展合作和实现知识、信息共享的基本前提。在创意产业集群中，很多创意设计是以项目为中心开展的，而一个项目的完成通常都需要多家企业的参与；在合作完成项目的过程中，这些企业和创意人员须持相互信任的态度，否则这些工作难以开展。相互信任能为集群内企业带来以下两方面益处：一方面，相互信任能提高企业应对市场多样性需求的灵敏度。文化创意产品大多强调新奇性，这就要求创意人员能迅速瞄准市场需求，在信任的基础上开展广泛合作，以互补的知识结构及时创生出市场需求的创意产品。而较高程度的信任有利于合作各方采取灵活的态度，推动决策的迅速形成。另一方面，相互信任减少了集群内企业间的交易成本。因为有效的信任关系使集群内企业之间信息沟通更为坦诚，对于契约和监督的依赖程度降低，进而导致交易成本的降低和合作关系运作效率的提高。可见信任对文化创意集群中合作行为的实施起着关键性的作用，在信任的基础上集群各企业合作程度不断加深，从而使得集群能获得基于当地合作关系网络的持久竞争优势。因此，要鼓励集群内企业积极参与整个产业集群内的知识交流和共享，营造一种集群内部的互相信任的环境，即让信任氛围扎根于集群之中。

5.1.5.4　集群内公共服务平台的建设

文化创意集群中的企业同样以中小企业为主体。这些企业与传统产业中小企业的差别在于从业人员一般都具有一定的受教育经历，生产的产品以满足人们的精神需求为主。尽管这些文化创意企业有着较好的发展前景，但创意产品的创作和生产具有较高的市场风险，企业普遍缺乏资金且融资难度大、缺少管理经验和业务渠道。这些问题使得文化创意企业的独立生存能力不强，迫切需要建立文化创意产业集群的公共服务平台。公共服务平台有以下作用:一是可以为文化创意产品的形成提供全面支持;二是可以成为从事文化创意活动的创作人员了解市场需求的纽带;三是可以通过资源共享与高效利用,大幅降低创意产品的开发和生产成本,有效提升产业竞争力。总而言之,集群内公共服务平台可以承担“研发、孵化、营销、融合”四大主体功能和“信息供给、资本援助、政策支持、产权保护、创意评估”五大支持功能。①

5.1.5.5　中介机构提供服务的成效

这里所指的中介机构是指为文化创意企业提供中介代理服务的专门组织,例如专门的策划公司、艺术中介机构、版权代理机构等。传统的文化产品消费通常是处于面对面交流的自然状态,并不需要过多的中介机构介入;但在当今文化创意已走上产业化道路、文化创意产品必须获得市场认可的前提下,这些产品已不再是创意天才灵感突发的产物,而是精心设计、策划的最终成果。这些中介机构对市场需求的了解、预期和把握是一般创意人员所无法比拟的,他们能用专业策划和熟练的市场营销战略等市场运作方式将好的文化创意产品推向大众,使文化创意企业能迅速取得经营业绩。中介机构的职能主要体现在:一是充当集群内创意企业与外部市场之间的纽带,直接促成创意产品市场要素的流通和交易,使文化创意集群作为一个创新系统能与外部环境紧密相连。二是为群内企业降低交易成本,在与创意企业和需求方建立良好的信任与合作关系后,加快创意产品市场交易,有效降低供需双方的市场风险和交易风险。

5.1.5.6　高校和科研机构的服务效率

不少发达国家的文化创意产业园区的形成都以本地高校、科研机构、知识创意型企业为依托,从而吸引着大量创意企业在园区内集聚,以此形成良性循环。也就是说高校和科研机构是集群内

① 刘寿吉,戴伟辉,周缨:《创意产业的生态群落模式及专业性公共服务平台研究》,《科技进步与对策》,2009年第17期。

开展创新活动的核心力量，起着集群发展"知识库"的作用。一方面，高校和科研机构拥有丰富的创新资源，使得其像一块磁石，吸引着大批优秀企业和人才加入文化创意产业集群；集群如果靠近高校，高素质创意人才的获得则变得相当容易。另一方面，高校和科研机构又通过知识溢出的多种路径向集群释放出知识和信息，这些知识和信息能不断增强集群整体创新能力，直接导致大量技术型文化创意企业的衍生。另外高校和科研机构还能提升地区宽容度。高校在为经济发展提供智力支持的同时，还提供着发展文化创意产业的关键要素——宽容度，即创意集群发展所需要的包容。高校会自然地呈现出多样性，不论是种族、社会经济还是文化方面都是如此，它能够宽容各种观念、人和一些非主流的思想。①

假设6：企业创新网络因素包括企业之间互相学习和交流的状况 X_{14}、文化创意集群内的知识外溢状况 X_{15}、集群内公司之间的信任度 X_{16}、公共服务平台的建设 X_{17}、中介机构提供服务的成效 X_{18}、高校和科研机构的服务效率 X_{19} 6个方面的指标。

5.1.6 文化创意产业集群发展影响因素假设模型

根据上述提出的6条假设，可构建如表5.4所示的文化创意产业集群发展影响因素的假设模型。

表5.4 文化创意产业集群发展影响因素的假设模型

影响因素	子因素
制度政策因素	知识产权保护机制
	风险投资融资方式
	政府对产业发展的扶持政策
	产业基础设施

① 王洁：《产业集聚理论与应用的研究——创意产业聚集影响因素的研究》，同济大学博士学位论文，2007年。

续表

影响因素	子因素
社会文化因素	当地人才供给状况 当地文化创作氛围 员工创业精神
市场因素	文化创意产品的市场需求 文化创意企业面对的市场竞争状况 文化创意企业参与国际合作的状况
企业创新因素	公司对新知识的吸收能力 企业内的创新氛围 公司对员工创业的态度
企业网络环境因素	企业之间互相学习和交流的状况 文化创意集群内的知识外溢状况 集群内公司之间的信任度 公共服务平台的建设 中介机构提供服务的成效 高校和科研机构的服务效率

5.2 京、沪、粤三省市文化创意产业集群发展案例分析

目前，我国已初步形成以下区域性的文化创意产业集群：以北京为核心的首都文化创意产业集群；以上海为龙头的长江三角洲文化创意产业集群；以广州、深圳为聚集区的珠江三角洲文化创意产业集群；以昆明、重庆、长沙等城市为代表的中西部文化创意产业集群。北京凭借其作为全国文化中心的特殊地位和优势，已经形成了文艺演出、广播影视、古玩艺术品交易等文化创意产业门类。上海作为长江三角洲的龙头城市，有着东西方文化交融和国际开放度高的特点，为文化创意产业的快速发展提供了极为有利的文化土壤；其与长江三角洲几个主要副中心城市如杭州、苏州、

南京等在工业设计、室内装饰设计、广告策划以及动漫制作等行业迅速崛起。珠江三角洲文化创意产业集群中的广州、深圳是我国创意产业基地的聚集区，广告、影视、印刷、动漫等行业走在国内前列。以昆明、丽江、三亚为中心的滇海文化创意产业集群在文化旅游、影视、服装等行业发展成就显著。以重庆、成都、西安为中心的川陕文化创意产业集群和以湖南长沙为代表的中部文化创意产业集群主要是以网络动漫游戏产业和广播电视产业为主。

5.2.1　北京文化创意产业集群发展现状

近十年来北京文化创意产业快速崛起，以集群模式发展文化创意产业已成为共识。发展文化创意产业集群已经成为首都经济增长的新战略和社会发展的新引擎。根据北京市统计局的统计，2004—2008年北京文化创意产业创造增加值占全市GDP的比例由10.1%上升到11%；2009年上半年文化创意产业进一步逆势而上，占全市GDP的比例达11.4%。可见文化创意产业已成为首都经济的重要组成部分，且其支柱地位正在进一步提升。目前北京全市有文化创意企业5万余家，其中规模以上的文化创意企业达到8000家。有102万人从事着文化创意产业的活动，文化创意产业的资产总额达到7058亿元。同时，文化创意产业聚集区影响力也在快速提升，2009年上半年全市文化创意产业聚集区新增各类文化创意产业达到227家，累计土地开发面积超过5333333平方米，完成各类政府投资25亿元，吸引带动社会投资20亿元。[①]

近年来北京市文化创意产业集群呈现出加快发展态势，已有两批共计21个文化创意产业集聚区获批。2006年北京市确立了首批10个文化创意产业集聚区，即中关村创意产业先导基地、北京数字娱乐产业示范基地、国家新媒体产业基地、中关村科技园区雍和园、中国(怀柔)影视基地、北京798艺术区、北京DRC工业设计创意产业基地、北京潘家园古玩艺术品交易园区、宋庄原创艺术

---

① http://www.bjci.gov.cn/459/2009/11/30/141@17742.htm.

与卡通产业集聚区和中关村软件园。2007 年，该批 10 个文化创意产业集聚区发展态势良好，利税增幅明显高于收入增幅：九大行业规模以上企业共实现收入 3827.7 亿元，增长 19.4%；实现利润 217.9 亿元，增长 28.7%；上缴税金 156.6 亿元，增长 22.5%。

2008 年 4 月 15 日，北京市文化创意产业领导小组宣布，北京市文化创意产业集聚区再添 11 个，总数达到了 21 个。新认定的第二批文化创意产业集聚区是：北京 CBD 国际传媒产业集聚区、顺义国展产业园、琉璃厂历史文化创意产业园区、清华科技园、惠通时代广场、北京时尚设计广场、前门传统文化产业集聚区、北京出版发行物流中心、北京欢乐谷生态文化园、北京大红门服装服饰创意产业集聚区、北京（房山）历史文化旅游集聚区。

目前北京市以市级区为龙头、规模不等的聚集区发展产业格局也已经建立起来。现在北京市 21 家集聚区从空间布局上覆盖 13 个区县，涵盖九大行业，即文化艺术、新闻出版、广播电视电影、软件、网络及计算机服务、广告会展、艺术品交易、设计服务以及旅游、休闲娱乐等。北京文化创意产业集聚区现已形成以天安门广场为中心，向北有工业设计基地、奥林匹克集聚区，向南有前门的文化聚集区，向东有 CBD 国际传媒聚集区、通州当代产业集聚区，向西有数字娱乐产业示范基地的态势。随着文化创意产业集聚区数量的不断增加，北京市政府设立文化创意产业集聚区基础设施专项资金以支持集聚区的基础设施、环境整治和公共服务平台建设。

5.2.1.1 北京数字娱乐产业示范基地

北京数字娱乐产业示范基地是北京市第一批确立的文化创意产业集聚区之一。基地位于北京市石景山区，该地区风景秀丽宜人、基础设施完善，拥有丰富的休闲、历史和文化资源，具有较好的产业发展基础。基地已形成以小山子研发基地、万商大厦、雕塑公园、石景山游乐园、室内主题公园等为主体，以数字娱乐产品研发生产为核心的数字娱乐产业集群。

该基地自2006年正式挂牌建设以来已进入快速发展阶段，正着力打造“一网”、“一园”和“一区”三大工程，即构建基地市场化企业服务平台——Dotman创意产业支撑平台，为数字娱乐企业的汇聚提供载体的数字娱乐创意园以及为数字娱乐人群的体验、消费提供环境的体验消费区；同时积极建设全国动漫游戏产业中心，引导资源向数字娱乐、文化创意产业流动，迅速形成产业聚集效应，打造首都CRD。

当地政府成立了北京数字娱乐产业示范基地建设领导小组，对基地运营进行宏观管理。基地开发模式采用由当地政府从事一级开发，完成基础设施和基本配套设施的建设；二级开发则采用“政府引导、以企业为主体的市场化运作”机制，成立了北京数字娱乐发展有限公司即基地公司，负责基地的规划、建设、招商、运营和管理等。

目前基地正在全力实施数字娱乐“248”工程，即：推进北京数字娱乐产业示范基地产业支撑和服务支撑2个支撑体系的建设；构建数字娱乐交易中心、数字虚拟金融中心、石景山虚拟世界和Dotman娱乐平台区域4个产业集群；建设网络游戏中心、测试推广中心、数字交易中心、体验竞技中心、动画漫画中心、移动游戏中心、数字信息中心、人才培养中心8个以科技为支撑的特色中心。同时基地还将园区划分为四大功能区：通过搭建数字娱乐技术、人才、产品及其衍生产品交流集散平台而形成的数字产品交易区，该功能区以泽洋大厦为核心；依托高校和规模企业，采取孵化器运营模式，引导中小企业按技术链和产品链围绕规模企业发展形成的研发孵育区，该功能区以八大处科技园为核心；为入驻企业提供产品展示的平台，进而构筑国内外数字娱乐产品展示推介平台形成的体验娱乐区，该功能区以游乐园、中国电子竞技中心为核心；依托高校和科研机构建设人才培训机构，重点培养网络游戏和移动游戏等方面的高端技术人才和管理人才而形成的人才培养区，该功能区以北方工业大学为核心。

北京数字娱乐产业示范基地同时还是科技部"国家数字媒体技术产业化基地"和新闻出版总署"国家网络游戏动漫产业发展基地"的重要组成部分，吸引了网络游戏、手机游戏、动漫画制作、电子竞技、数字媒体、数字金融等方面的150多家企业入驻。基地当前正在筹建数字娱乐主题公园和创办全国一流的网络游戏学院，着力打造国内第一个真人实景数字游乐项目。

从北京数字娱乐示范产业基地的发展历程来看，政府对文化创意产业发展的规划和引导作用极为关键，所制定的优惠政策促使各类文化创意企业快速入园集聚。基地内的企业除享有中关村科技园区的优惠政策和北京市文化创意产业的相关政策以外，还享有石景山区的专属优惠政策。例如对于发展前景好且对数字娱乐产业基地带动作用强的新注册企业，区政府按照其对当地财政贡献额度的一定比例提供技术改造和技术创新资金支持；设立数字娱乐产业发展专项资金，采取匹配、贴息、补助以及奖励等方式，支持数字娱乐企业、项目启动和发展。①

5.2.1.2 国家新媒体产业基地

国家新媒体产业基地位于首都南中轴延长线大兴区中部魏善庄镇，规划总占地面积3440000平方米，地理位置优越，交通便利。基地传承与延伸北京奥运文化、历史文化、现代文化，与首都功能核心区联成一个有机文化整体；构建成一个较为完善的文化产业发展链条，为新媒体产业的发展提供广阔的空间。北京大兴国家新媒体产业基地于2005年12月31日经科技部正式批复成立，是国家火炬计划批复的全国唯一的以新媒体产业为主的专业集聚区，是北京市首批认定的文化创意产业集聚区之一，并在2006年首届中国北京国际文化创意产业博览会上被评定为"2006最具投资价值创意基地"。

大兴区十分重视文化创意产业发展，成立了以区委书记为组

① http://www.bjci.gov.cn/320/2007/09/03/41@3851.htm.

长的区新媒体领导小组；领导小组办公室设在国家新媒体产业基地管委会。管委会以整体规划、分步实施、整合资源、协调发展的发展思路为指导，在高起点规划、高质量建设、高水平运作、高标准服务的建设原则下对基地进行规划和建设。

基地规划建设“一区三园三中心”。“一区”即核心区，是指将基地建设成为集研发、培训、创作、孵化、制作、交易、展示与体验和配套服务于一体的综合性新媒体产业集聚区。“三园”即星光影视园、北普陀影视园、大森林影视园，主要以影视节目制作为主。“三中心”即软件制作中心、动漫创作及人才培训中心、艺术人才培训中心，主要培养动漫创作及艺术人才。基地核心区占地近3440000平方米，拥有充足的产业发展空间。基地以“政府引导、市场主导、企业主体”为发展战略，以影视制作、动漫网游及出版印刷为基点，形成三位一体的新媒体产业发展战略支撑；以面向主流网众和视众的、具有自主知识产权的精神文化产品生产为主攻方向，聚合各类资源，努力打造中国新媒体产业主要聚集区。

基地具有以下发展文化创意产业的优势：一是具有较好的文化创意产业发展基础。出版业已成为大兴区主导产业之一，现有各类包装印刷出版企业120多家，拥有目前世界上最大的印刷专业博物馆“中国印刷博物馆”。二是具有人才优势。北京大学软件与微电子学院、北京印刷学院、中央文化干部管理学院等院校，每年可培养高端动漫创作及创意研发、动漫制作高级实用技术等相关专业人才近千人。三是具有丰富的文化资源。基地所在的大兴区拥有中华文化园和安定古桑国家级森林公园等诸多独特的人文自然景观，这些构成了大兴区发展文化创意产业的深厚基石。四是拥有较为完善的技术服务平台。包括用于动漫设计、渲染、编辑、合成的平台，用于影视演播、编辑、制作的平台以及集创意、设计、制作、发行为一体的“动漫产业孵化平台”。基地还与国内外产业中介机构建立了联系和开展业务。五是享受更为优惠的产业发展政策。基地企业除可享受《北京市促进文化创意产业发展的若干政策》中的政策扶持和国家相关部委及北京市相关部门的扶持外，还能享受到大兴区所设立的新媒体产业发展专项资金的扶持和其他奖励。①

5.2.1.3 北京798艺术区

北京798艺术区位于北京市朝阳区东北部酒仙桥718大院内，是21世纪初在原有工业建筑(包括原798厂、706厂、797厂、707厂、718厂在内的区域，总建筑面积23万平方米)闲置空间的基础上逐渐发展起来的以当代艺术为特色的艺术区。其主要建筑由20世纪50年代前东德专家设计并建造，采用了当时世界最先进的工艺和包豪斯设计理念。由于受建筑风格、环境幽静以及交通便利等特点的吸引，从2002年开始，不同风格的艺术家纷纷进驻798艺术区。798艺术区已逐步成为雕塑、绘画、摄影等独立艺术工作室、画廊、艺术书店、时装店、广告设计、环境设计、精品家居设计、餐饮、酒吧等各种文化艺术空间汇集的聚集区。目前入驻北京798艺术区的文化艺术类机构近300家，分别来自法国、意大利、英国、荷兰、比利时、德国、日本、澳大利亚、韩国以及我国大陆、台湾和香港等地区；这里已成为中国当代艺术的重要集散地，成为国内外具有影响力的文化产业区。

作为文化创意产业聚集区之一的北京798艺术区，云集了众多的文化艺术界名流、众多的艺术机构、众多的时尚企业。798艺术区平均每天都有多个艺术展开幕。为推广798艺术区和当代艺术的理念，798艺术区在保持艺术的纯粹性和学术性的基础上，与艺术家合力创新，促进艺术的多样化形态，扩大798艺术区作为文化创意产业聚集区的活力和影响力，促进798艺术区的发展、繁荣。自2006年起，艺术区每年举办“798艺术节”。

2003年北京798艺术区被美国《时代周刊》评为全球最有文化标志性的22个城市艺术中心之一。同年，美国《新闻周刊》将这里

---

① http://www.bjci.gov.cn/320/2007/09/03/41@3852.htm.

评选为年度世界TOP12，首次把中国北京列入其中，原因之一就是798艺术区的存在和发展证明了北京作为世界之都的能力和未来的潜力。2004年，北京被美国《财富》杂志评选为世界有发展性的12个城市之一，入选理由之一是798艺术区。798艺术区建筑改造方案是威尼斯12个中国优秀建筑展之一，也是2004年北京双十年优秀建筑展重要展品。

2006年，北京798艺术区分别被朝阳区、北京市政府列为首批文化创意产业集聚区之一，被中关村管委会评为中关村电子城文化创意产业基地。798艺术区作为"创意地区、文化名园"的氛围正在形成。为了加快推动798艺术区的繁荣、发展，朝阳区政府与七星集团共同成立了北京798艺术区建设管理办公室，以"协调、服务、引导、管理"为宗旨，推进艺术区当代艺术与文化创意产业的发展。北京798艺术区建设管理办公室通过对园区的服务中心、展览展示中心和公共服务平台等项目的建设，进一步为园区提供完善的服务；按照"保护、开发、稳定、发展"的指导方针对798艺术区的核心区域、原创艺术进行有效保护；加强对艺术区的宣传与推广，进一步吸引国内外众多知名的艺术家及艺术机构；为艺术区内艺术品打造展览展示、交易拍卖的平台，推进艺术区产业升级，从而展示艺术区的魅力，打造798艺术区品牌。目前政府正倾力将798艺术区建设成为北京最具特色和影响力的文化创意产业基地与世界著名的文化创意产业园区。①

5.2.2 上海文化创意产业集群发展现状

上海有着近百年东西方文化交融的历史，这种兼容并蓄的文化传统形成了上海独特的海派文化。20世纪二三十年代，上海已有"东方巴黎"之称，时装产业高度发达，是亚洲的时尚之都。20世纪三四十年代的上海已经在出版产业、动漫艺术以及电影业等领域走在全国的前列，成为名副其实的文化中心。

---

① http://www.798art.org/about－1.html.

当前随着上海开发、开放步伐的不断加快，在上海市委、市政府的大力扶持下，上海市有关政府职能部门在推进上海都市型工业发展的同时，正在积极引导都市型工业向创意产业集聚区方向发展。

2004年年初，上海市经委首先成立了上海设计中心，对上海逐步形成的创意产业集聚区进行分类调研分析；从宏观上制定了一系列的政策和措施，推进上海都市型工业的升级换代。同年年底成立上海创意产业中心，其为推进上海创意产业发展提供了包括网络信息、投资咨询、知识产权、人才培训、研发设计、国际交流等诸多方面的公共服务平台。上海创意产业中心对上海的创意产业发展及产业规划进行了全方位的研究和分析，并指导性地进行了上海创意产业的资源整合，对已形成的创意产业集聚区进行变革，使其朝着以品牌价值和创意产业集群价值链结构形态的优化方向转型；同时对拟建创意产业集聚区给予了策略性的指导和政策方面的倾斜，以示范区的方式构筑具有创意产业主体形态和价值链的创意产业集聚区。

2005年4月，由上海市经委牵头，以上海创意产业中心为平台的上海创意产业发展服务机构宣告成立并正式运行；同时，上海市对已形成的18家创意产业集聚区授予了“上海创意产业集聚区”的称号。上海创意产业中心充分整合上海创意产业资源，整体推进上海创意产业发展，明确中心职能。它的正式运行标志着中国首家依托政府力量、参与推进创意产业发展的机构诞生。

自1999年留美设计师刘继东创立了上海第一个创意产业集聚区即四行创意仓库以来，迄今上海市政府已经正式宣布了4批上海创意产业集聚区名单。截至2008年8月，上海已授牌的创意产业集聚区达到75家，建筑面积225万平方米。集聚区入驻创意产业类企业2500多家，从业人员逾2万人，分别来自美国、日本、比利时、法国、新加坡、意大利等30余个国家和地区。2008年，上海文化产业实现总产出3304.8亿元，比上年增长了11%。上海市文化产业占地区生产总值的比例达5.7%，对全市增长的贡献率为6.5%。2010年，创意产业总值占全市GDP的10%以上，并成为上海经济增长的重要新兴产业。文化创意产业涵盖门类十分宽泛，涉及研发设计创意、建筑设计创意、咨询策划创意、文化传媒创意和时尚消费创意等创意产业的主要领域。尽管目前上海文化创意产业正处在一个探索阶段，还存在不少问题，如园区内多数企业弱小、部分园区缺乏明确的定位和规划、创意产业链得不到有效整合和延伸以及创意产业人力资源缺乏等；但从全国范围来看，上海的文化创意产业集聚区建设起步比较早，发展十分迅速，产业门类比较齐全，而且在整体规模、上下游产业链整合、国际化程度等方面都处在全国的领先地位。作为国内最早推进创意产业发展的城市，上海已经成为中国创意产业发展最迅速、总体实力最强、产业形态相对成熟的城市之一。

5.2.2.1　上海8号桥创意产业集聚区

上海8号桥文化创意产业集聚区位于上海建国中路，占地7000平方米，由20世纪70年代所建造的上海汽车制动器厂的老厂房改建而成，现已成为上海最具魅力的创意文化时尚集聚地之一，入驻企业涵盖建筑、家居、广告、软件、电影、出版以及时装设计等新兴行业。当前8号桥园区已具备无线上网、智能化管理以及公共信息平台的职能，成为上海市信息委推广的信息化园区之一。

2003年12月，在上海市经委和卢湾区人民政府的支持下，由上海华轻投资管理有限公司、香港时尚生活策划咨询有限公司共同投资4000万元创立8号桥文化创意产业集聚区。园区建筑面积达到20000平方米，入驻租户超过70家。有关政府职能部门通过分析文化创意产业发展所需要的环境以及创意人群的区位需求、空间要求和特征，综合评估区域经济、社会、文化等发展状况和环境条件，制定了区域文化创意产业发展规划。在上海市政府文化创意产业发展战略和发展规划的引导下，8号桥园区采用租赁承包的市场化开发模式，政府只提供服务和支持，而由投资主体负责整个集聚区前期的规划开发、策划和招商工作，后期的实际运作管理实行以“管委会为辅、企业为主”的模式。此种模式将政府规划推动和企业市场运作有效衔接起来，实现了两者的良性互动。

8号桥园区为这些国内外文化创意企业搭建了共同交流的创意空间，如商务中心、休闲后街、咖啡吧等租户共享空间；提供了许多互动机会，使得不同领域的艺术工作者和各类时尚元素在这里相互碰撞，激发灵感和创意。8号桥园区拥有的良好创意氛围已经吸引了众多国际时尚品牌在此进行商业发布和商业拍摄，其已成为了上海乃至全国的新时尚地标。8号桥园区Ⅱ、Ⅲ期分别位于局门路436号及550号。其中，8号桥园区Ⅱ期原为上海申贝办公机械有限公司厂房，建筑面积约13000平方米；8号桥园区Ⅲ期原为上海电池厂汇明分厂，建筑面积约14000平方米。两个全新园区地处淮海路发达商业圈以及世博浦西园区之间，占地0.5平方公里；定位为创意产业集群区，并辅以会务、零售、餐饮、酒店等配套功能，共可提供21万平方米的商业商务资源。项目以“时尚创意孵化器”的理念，吸引了众多国际化的高端现代服务业企业入驻。①

5.2.2.2 环同济设计创意产业带

上海同济大学周边的设计创意产业带依托母体（同济大学和其他科研机构）的科技与专业技术优势，在其周边孵化形成创意产业集聚区。该产业带经历了从市场的自发集聚到赤峰路设计一条街的出现，再到“环同济设计产业带”形成的发展过程。未来这一带还可能出现“环同济知识经济圈”。20世纪90年代初，伴随着城市建设的发展，同济大学周边开始出现以建筑学、城市规划以及土木工程为核心的建筑设计创意产业集群。依托同济大学的科技资源优势，经过两年多时间的发展，同济大学校本部南边赤峰路东段这条仅有860米长的街道已成为著名的以建筑设计和城市规划产业为核心的现代建筑设计街，并成为设计创意产业集群中分布最

① 厉无畏，王慧敏：《创意产业新论》，东方出版中心，2009年，第147-151页。

集中的区域。目前，以“一街五楼”(赤峰路设计一条街、远洋广场、国中会所、杨浦商城、信息和国康大厦)为标志的环同济设计创意产业带已初具规模，形成了一个近 20 万平方米的设计产业园区；800 余家与设计相关的企业入驻，涵盖建筑、市政、邮电、监理、图文、模型等各个方面。2004 年这一地区的产值接近 20 亿元，上缴地方税收约 1.3 亿元。目前在以同济大学校园为核心的方圆几平方公里内，分布着大大小小的各类设计以及与之相关的公司，形成了规模巨大的设计群落。上海杨浦区政府与同济大学计划依托同济大学的强势学科，在赤峰路、国康路业已形成的设计产业带基础上，进一步发挥辐射效应，在同济大学周边打造一个年产值达 300 亿元的知识经济圈，构筑一个以“设计创意规划”、“土木建筑施工技术”、“绿色环保技术”为主的产业集群。①

5.2.2.3 上海田子坊石库门创意街区

20 世纪 90 年代初，上海田子坊石库门地区依然只是一片占地约 2 万平方米的老弄堂街道工厂区。但从 1998 年开始，一路发文化发展公司首先进驻泰康路揭开了泰康路上海艺术街的序幕；不久又有著名画家和艺术家以及一些工艺品商店先后入驻泰康路；这些老厂区逐渐得以改造改建，老厂房也改成了“外观古旧、内观新颖”的画廊、饰品店、酒吧等。上海卢湾区政府提出在田子坊探索文化创意产业、历史文脉传承、旧区改造三者融合发展的工作思路，试图将田子坊打造成卢湾的一张新名片，使其成为创意产业集聚地、里坊风貌居住地、海派文化展示地和世博主题演绎地。从 2002 年开始，在 3 个弄堂工厂内创建了创意产业集聚区，经旧厂房改造而形成的工作室经过艺术的再现体现出了不同的风格和氛围。这些外观由红砖墙、黑木门、条石门框、天井、厢房等构成的建筑与其内部创意元素的融合吸引了国内外的创意人士到此开设艺

---

① 高宏宇:《文化及创意产业与城市发展——以上海为例》，同济大学博士学位论文，2007 年。

术坊与工作室，共有 18 个国家和地区的 100 多个中外创意企业进驻。田子坊以一种“大院”型的集群方式，聚集了一批雕塑、油画、版画、中国画等艺术原创工作室，以及相关的展示、传播和销售商店。随着田子坊创意产业的发展，田子坊一带现在已经成了上海一个独具特色的城市建筑区。

田子坊创意街区采用了“政府搭台，企业唱戏”的运作模式，也即推动老城区改造的实施系统由以政府为主体走向以民间力量为主体。政府在艺术街前期启动中，在整体规划、功能定位、业态调整、环境的改善和建设方面做了大量工作，投入一定的资金；而后由当地居民和进驻企业之间达成协议后直接出租给企业，由一家社会上的管理公司负责牵线搭桥，对整个田子坊进行统一管理。

目前入驻田子坊创意街区的艺术设计工作室有 30 余家，工艺品和画廊 60 余家，古玩店铺 60 余家，酒吧和咖啡馆 10 家，从业人员 800 余人。2006 年 4 月由入驻企业和艺术家们共同成立了田子坊知识产权保护联盟，这是上海首个由文化创意企业自发成立的关于知识产权保护的行业自律组织。

田子坊的知名度和影响力在上海文化创意产业园区中一直名列前茅，先后获得了上海首批创意产业集聚区（2005 年）、中国最佳创意产业园（2006 年）、上海十大时尚地标（2006 年）、上海优秀创意产业园（2006 年、2007 年、2008 年）、卢湾最具影响力品牌（2007 年）、上海市文化产业园区（2009 年）等荣誉称号。①

5.2.3 广东文化创意产业集群发展现状

广东省文化创意产业发展较早，经历了一个从起步时的分散到后来趋向集聚和形成专业园区的过程。近年来，由于受国内外经济因素的影响和产业自身发展的需要，文化创意产业发展的步伐明显加快，现已成为广东重点培育的新型产业之一，其发展呈现

① 牛维麟：《国际文化创意产业发展研究报告》，中国人民大学出版社，2007 年，第 223－228 页。

出如下特征:① 区域主要城市文化创意产业集聚程度高。广东文化创意产业集群主要集中在广州、深圳、佛山、东莞等经济发达地区,其中广州拥有34个产业园区,深圳拥有20个产业园区,佛山和东莞各拥有3个产业园区。4个城市对于文化创意产业的发展侧重点各不相同。广州重点发展数字内容、文化传媒、创意产品制作、分销与版权贸易、咨询策划、设计创意等高端行业,着力打造国际性的创意之都和文化名城。深圳则重点发展数字娱乐、动漫游戏、现代高新技术、印刷、珠宝、工艺礼品、软件开发等优势文化产业,努力构建创意产业研发与孵化基地、创意产品出口基地、文化资本经营策划中心以及创意产业博览交易中心。佛山的发展重点是以工业设计和传统工艺设计为主要内容的创意产业园区,全力建设全国重要文化创意产品和设备制造业及流通业中心、中国工业设计名城。东莞则重点发展一些为制造业服务的文化创意行业,发展方向是建立文化创意产品研发和设备、产品制造服务的基地。② 呈现多样化的发展模式。一是按投资主体,可分为政府主导型(如深圳大芬村以龙岗区政府为主导)、企业主导型(如深圳华侨城集团企业投入建设OCT-LOFT华侨城创意文化园)、政府与企业合作型(如佛山石湾陶瓷文化创意产业园)。二是按融资渠道,可分为国有资本型(如广州从化国家软件产业基地)、民间资本型(如广州番禺长隆集团主题文化创意公园)、中外合资型(如深圳华侨城、深圳(蛇口)创意产业园)。

尽管广东文化创意产业发展集聚度较高且涵盖面广,涉及文化传媒、产品研发、工业设计、动漫网游、电影电视广播和录像、咨询和时尚消费等多个类别,涵盖了国民经济的绝大多数领域,初步形成了文化创意产业发展体系,但广东省文化创意产业发展依然存在以下问题:区域发展不平衡,文化创意园区主要集中在珠江三角洲几个经济较为发达的城市,而广东其他地区较少;产业园区缺乏统一的规划,存在产业同质化和重复建设的现象;部分产业园区尚未形成完整的产业链,不具备产业链整合能力;投融资渠道依旧较为狭窄；部分产业园区缺乏公共服务平台，企业难以及时获得政策、市场和行业信息，园区企业间信息交流受阻导致企业综合竞争能力低；相关的政策法规有待完善，高端原创设计人才十分匮乏；等等。①

下面重点介绍深圳大芬村的油画艺术品市场发展现状。

大芬村原是深圳市龙岗区的一个只有300多居民的小村庄，现在这里已成为全国最大的油画生产基地，一年售出的油画产品多达600万张，年销售额达1.4亿元。在占有美国油画市场份额60%的中国油画中，“大芬油画”占了其中的80%。油画产业的发展使得大芬村的人均年收入由30年前的200元提高到现在的3.4万元；这不仅使得当地居民增收和经济发展，更开创了一种全新的文化创意产业发展模式。现在大芬村已被文化部评为“文化产业示范基地”。

大芬村拥有3000多名画工、画师和画商，300多家画廊和700多间油画个人工作室、油画作坊。这批油画生产的主体依靠分散性的作坊式生产和产业性的企业化运作，形成了“画家＋企业”的文化产业群体。凭借分工合理、竞争有序的生产组织方式，大芬村已经形成了一个独特的油画艺术商品制造基地，对油画艺术品进行着大批量工业化生产，将油画从一种仅供少数人欣赏的艺术品变成了可以赚钱的大宗商品。那些从事油画创作与生产的龙头企业和专门负责承接订单以及市场营销的经销代理商，形成了产供销一体化的完整产业链条，造就了每天有2万多件绘画作品源源不断输出的大规模交易市场。油画市场的快速发展同时催生了高度关联的多元化产业形态。拉动绘画业发展的艺术教育直接介入，在大芬村各类美术培训班林立且生源充沛；直接服务于油画业生产的画笔、颜料、画框、画布、宣纸等绘画材料店、装裱店等辅助

---

① 顾作义，颜永树：《广东文化创意产业现状及发展思路》，《学术研究》，2009年第2期。

性店铺十分兴盛；与大芬村的知名度关联的餐饮业、旅游业快速发展。目前，大芬村已经形成了集生产、交易、培训、旅游等为一体的文化创意产业圈。

大芬村油画产业的崛起得益于政府部门的合理规划和有效扶持、市场力量的积极介入和旺盛的国内外市场需求等要素。纵观大芬村油画产业基地的发展历程，政府在以下方面发挥着积极作用：一是改造与规划，主要是优化环境，包括对大芬村及其周边环境进行整治和改造，改进和完善生产生活配套设施。二是服务与扶持，综合运用经济、行政、法律和技术手段依法管理文化市场，特别是在工商、税务、海关等方面采取优惠政策，加强引导和调控。三是宣传与推介，精心塑造大芬品牌，组织画家到外地进行艺术采风，组织画商到国外考察市场需求，拓展海外商路，组织画家、画商到外地和境外举办展览会，扩大大芬村油画的影响力。在政府积极引导下，实施以市场为主导进行资源配置的文化产业组织方式；积极鼓励海外有经验的文化商人参与其中，大力培育重点民营文化企业，共同做大做强油画产业；积极推进文化产业投资多元化，促进形成多种所有制共同发展的产业格局，形成了国家、民营、外资等多种渠道的灵活的多元化投融资机制。随着可支配收入的不断提高，人们的消费逐渐转向文化、教育等精神层面的产品；同时房地产业的兴盛也带动了人们对家居装饰和艺术品的爱好、收藏。作为休闲文化产业的大芬油画市场，正是适应了经济发展进程的文化需求和消费趋向。另外大芬村还拥有较为发达的现代物流体系。大芬村作为油画产业集散地，其油画的生产、加工、仓储、中转、出口等环节共同构成了一个完善的流通组织体系。通过实施规模化、标准化、科学化、组织化的运转，油画产业所需的单位物流成本不断下降，使更多的大芬油画更快地流向国际市场。①

---

① http://www.89art.com/youhua/guiyi/dafen/2010/0319/86.html.

5.3 京、沪、粤三省市文化创意产业集群发展的影响因素

5.3.1 政府的产业扶持政策

通过对上述三个省市文化创意产业集群案例的阐述，可以发现政府对其发展起着极为重要的规划、引导和扶持作用。例如北京数字娱乐示范产业基地所制定的优惠政策促使各类文化创意企业快速入园集聚。基地内的企业除享有中关村科技园区的优惠政策和北京市文化创意产业的相关政策外，还享有石景山区的专属优惠政策；政府通过补助和奖励措施提高对企业技术改造和创新的资金投入，从而较好地体现其对加快文化创意产业发展的政策导向。又如深圳大芬村所在地区的政府部门高度重视对油画产业的发展规划和积极引导，大力培育重点民营文化企业，推动形成一大批具有竞争力的文化企业群体；同时综合运用经济、行政、法律和技术手段依法管理文化市场，在工商、税务、海关等方面采取优惠政策；除此之外，还通过组织画家、画商到外地和境外举办展览会等方式大力宣传与推介大芬油画品牌。由此可见，政府在明确定位自身角色、职能以及把握好介入领域和扶持尺度的前提下，其所制定的产业扶持政策和提供的公共服务是文化创意产业集群发展的关键影响因素。

5.3.2 较为完善的基础设施

与世界上大多数文化创意产业集聚区都集中于经济发达、基础设施完善的城市一样，我国文化创意产业集群通常都集中于北京、长江三角洲和珠江三角洲以及中部省份的中心城市。这些地区通常具有优越的区位条件和完善的基础设施，一般都是该区域乃至全国的经济、文化中心。例如北京数字娱乐产业示范基地和国家新媒体产业基地都是北京市首批被认定的文化创意产业集聚区，两处基地所在地政府重视基础设施前期投入，完成了基础设施和基本配套设施的建设。而上海 8 号桥创意产业集聚区和上海田

子坊石库门创意街区均建立在对原有老厂房和老住宅区改造的基础上。这些地区原本交通便利，生活设施便利，政府又在创意区前期启动过程中进行了整体规划、功能定位、环境的改善和建设等，提升了创意区的信息化和智能化水平，使得这些创意集聚区的基础设施变得更为完善。可见，拥有完善的基础设施是文化创意产业集聚区得以发展的前提。

5.3.3　当地的文化创作氛围

文化创意集聚区内的便利场所、大量艺术和音乐空间以及经常性的各类艺术展示共同构成了能激发人们创作思维的公共空间，而在这种空间中所弥漫着的浓郁文化创作氛围正是文化创意人才选择创作和生活地点的关键因素。如北京国家新媒体产业基地具有丰富的文化资源，基地所在的大兴区拥有中华文化园和安定古桑国家级森林公园等诸多独特的人文自然景观，这些构成了大兴区发展文化创意产业的深厚基石。又如北京 798 艺术区，平均每天都有多个艺术展开幕。自 2006 年起艺术区每年举办“798 艺术节”，以扩大 798 艺术区作为文化创意产业聚集区的活力和影响力，促进 798 艺术区的发展、繁荣。而上海田子坊石库门创意街区是由原来上海老弄堂街道工厂区改造而成的，这些石库门样式的老弄堂正是上海海派文化的重要展示地和城市文化名片；旧厂房改造后形成的工作室、画廊和酒吧馆经过艺术的再现，体现出了不同的风格和氛围，形成了激发创意的绝佳生活空间，因而该街区很快就吸引大批国内外的创意人士到此开设艺术坊与工作室。

5.3.4　较好的公共服务平台

从上述文化创意产业集群案例中可以看出，公共服务平台在集群发展过程中扮演着十分重要的角色。例如北京国家新媒体产业基地拥有较为完善的技术服务平台，包括用于动漫设计、渲染、编辑、合成的平台，用于影视演播、编辑、制作的平台以及集创意、设计、制作、发行为一体的“动漫产业孵化平台”；基地还与国内外产业中介机构建立了联系和开展业务。又如 2004 年年底成立的上海创意产业中心，为推进上海创意产业发展提供了包括网络信息、投资咨询、知识产权、人才培训、研发设计、国际交流等诸多方面的公共服务平台。

本章小结

本章将文化创意产业集群发展的影响因素归纳为制度政策因素、社会文化因素、市场因素、企业创新因素以及企业网络环境因素5个维度，并以此为基础构建了影响因素量表的假设模型。另外，也对我国京、沪、粤三省市文化创意产业集群发展案例进行分析，在此基础上归纳出三省市文化创意产业集群发展的影响因素。

第六章

文化创意产业集群发展影响因素的实证分析

我国上海的文化创意产业发展水平处于全国领先的地位，而位于上海浦东新区张江高科技园内的上海张江文化科技创意产业发展有限公司因有着上海这座文化多元且经济社会快速发展的城市作为发展背景，其今后一段时间的成长空间十分巨大。我国首批 9 个国家级动画产业基地之一——常州国家动画产业基地近几年的快速发展也备受瞩目。因此笔者选择这两处地点作为实证调研对象。

6.1 基地发展阶段分析

6.1.1 张江文化科技创意产业基地的形成与发展

由上海张江集团联合上海文新报业集团共同组建的上海张江文化科技创意产业发展有限公司坐落于上海市张江高科技园内。上海市张江高科技园区成立于 1992 年 7 月，是我国国家级高新技术园区。经过近 20 年的建设，张江高科技园区已经成为国内外高科技企业、国际研发活动集聚中心，形成了以生物医药和信息技术两大高科技主导产业为主体的园区格局，通过企业化、市场化的运作模式推进基地的开发和建设。2004 年，随着“上海市文化科技创意产业基地”和文化部“文化产业示范基地”的先后挂牌，以及园区所具有的与文化创意产业发展相关的产业、技术、人才、人文环境等各方面要素形成的综合优势的凸显，基地已经吸引了国内外重量级的网络文化企业落户，例如盛大网络、第九城市、网星游戏、CORE等游戏软件企业，以及硅幻科技、创新科技等电影后期制作企业等。

当前张江文化创意产业基地已形成“一体两翼”的格局，即以建立的文化科技创意产业基地为一体，以建立的技术性公共服务平台和投融资公共服务平台为两翼，加大对基地内生产原创产品的支持力度。现园区已形成以信息产业相关的动漫画和网络游戏的创意、设计、制作，高科技影视后期设计、制作，多媒体软硬件研发和制作，以及产品工业造型设计等为主要发展内容的产业形态；同时，建立服务于此类产业领域的投资、中介、展示、交易平台，形成了结构完整、互相依存、充满活力的现代文化科技创意产业架构和产业链。随着园区入驻企业数量的不断增加，园区规模效应不断增强。张江文化科技创意产业基地已累计引进企业274家，美国EA、美国暴雪、法国威望迪集团、第九城市、雅昌集团、分众传媒、今日动画、韩国NCSOFT、蓝雪数码等国内外行业排名前10位的知名企业纷纷入驻，累计招商引资额达到内资1.296亿元人民币和外资4539万美元。2008年基地产值超过70亿元人民币，带动相关产值320亿元人民币。它已发展成为一个科技水平先进、艺术形式多样、产业功能现代的大型文化科技创意产业基地。基地已将服务于上海建设世界文化产业大都市作为自身今后发展的总体战略目标，正在建立完整的、具有一定规模的文化创意产业体系，努力打造世界著名的创意产业发展区域。

6.1.2 常州动漫产业基地的形成与发展

常州国家动画产业基地是广电总局批准的首批国家动画产业基地之一，自2004年12月挂牌成立以来，已有130多家境内外动漫创意类企业入驻，注册资本达5亿多元。基地现拥有创业、保纳、常新、常裕四大动漫园区，总占地面积超过8万平方米，形成了动漫研发制作、数字娱乐、网络游戏等各具特色的产业群。基地建立了影视动画、数字娱乐产业、海量动漫素材及构件、人才培养、衍生产品研发、产品和产权交易六大公共技术服务平台，为产业的发展提供了有力的支撑和保证。基地已连续举办了4届中国（常州）国际动漫艺术周，并通过法国、日本、韩国、中国香港等国际动漫节“窗口”，为动漫企业走出国门、走向境内外市场提供了良好的通道。基地创建了亚洲动画联盟，其成员已扩展到境内外15家企业。目前，基地已完成影视动画片21部，其中8部已在中央电视台播出；另有16部原创作品打入国际市场，分别销往美国、英国、法国、意大利、西班牙、俄罗斯、中东等国家和地区。精品数量和比例不仅名列全省第一，在全国各基地中也位居第一方阵。基地与美国、法国、西班牙、日本、韩国、马来西亚等国家建立合作关系。基地被文化部命名为“国家数字娱乐产业示范基地”，被国家扶持动漫产业发展部际联席会议确定为重点扶持和提升的“动漫技术公共服务平台”；被江苏省政府列为“原创影视动画生产示范园区”、“现代服务业集聚区”、“国际服务外包示范区”；荣获“中国十佳最具投资价值创意基地”、“中国最具竞争力数字娱乐产业基地”、“中国产业集群50强”等荣誉称号。2005年，基地中企业不到20家，动漫产品几乎为零，产品销售收入不足400万元。到2008年，动画作品产量当年超过7000分钟，销售收入突破9.8亿元。其后，基地动漫产业每年以翻番的速度快速增长，并成为令国内外同行刮目相看的动漫示范集聚区。常州动漫产业已被打造成常州的城市文化名片，也成了江苏省的品牌名片。

近年来，几大引领动漫产业发展的重大项目落户常州，壮大了该市动漫业的实力。由韩国江源情报影像振兴院、美国夏威夷电影合作公司、上海百图文化传播有限公司和常州卡龙影视动画有限公司等境内外企业发起组建的亚洲动画联盟为基地提供了国际化的交流平台。国内著名动画企业湖南宏梦卡通集团在常州动画产业基地注册了常州宏梦卡通制作有限公司，并与常州境内的4A级旅游景点中华恐龙园合作，实现了企业之间的强强联合，为动画产业的延伸提供了更大空间。总投资15亿元的太湖湾游戏文化乐园——“中国游戏嘉年华”规划编制正紧锣密鼓地进行，这标志着常州市数字娱乐产业也开始起步。除此以外，一个占地2平方公里的常州国家动画产业西太湖基地规划编制的前期运作也已经开始。

2008年12月，常州市在整合国家动画产业基地、国家火炬计划软件园和中华恐龙园等园区的基础上，成立了常州市创意产业基地，重点发展软件、动漫、网络游戏、设计服务、文化旅游等产业。一期规划面积8平方公里，以中华恐龙园为核心，以东经120大道为轴线，围绕“创意产业”、“主题旅游”和“时尚居住”三大核心，建设成融创意产业孵化、休闲旅游、时尚消费、生态居住为一体的长三角一流的宜业、宜居、宜文、宜游的生态文化创意产业集聚区。基地拥有CMMI3级认证的企业50家，省级软件企业130家，高新技术企业41家，国家规划布局内重点软件企业1家，自主研发软件产品346种；动漫企业生产能力突破1万分钟，有广电总局立项的原创动画题材116部，初步形成了“小卓玛”、“奇奇颗颗”等一批知名动漫品牌，25部动漫作品荣获了包括“美猴奖”、“白玉兰奖”等一批国家级奖项在内的50个奖项。中国(常州)国际动漫艺术周也已成为“全省文化建设信息交流平台”三大重点品牌之一。

130多家境内外企业集聚常州，其中有影视动画制作公司，有手机动漫、网络动漫、应用动漫、网络运行平台等数字内容企业，有衍生产品研发、授权、销售公司，有产权交易、投融资等中介服务机构。同时，常州作为国家现代制造业基地，在轻工、纺织、服装、印染、印刷、玩具、包装等行业有着雄厚的基础和发达的市场，且各行业与动漫产业有着极高的关联度。行业之间环环相扣、同兴共荣，形成了一条比较完整的产业链条。一方面，着力建设衍生产品研发平台。投资1.8亿元，建设5万平方米的研发中心和生产基地，形成集形象设计、产品开发、制作为一体的衍生产品的“创意梦工场”。首期3800平方米的研发大楼已经竣工，配置了能满足衍生研发的软硬件设备。另一方面，着力引进专业从事衍生产品开发

的企业。现已有玩具、服装、旅游用品、文化用品等30多家生产动漫衍生产品的企业。目前,已有10部动画片的形象被成功开发出上百个品种的衍生产品,并开始在市场上销售。①

6.2 基地发展的动力来源

在前文中已将文化创意产业集群演化发展的动力来源归纳为集群内企业创新竞合机制、集群内企业集体学习机制以及集群组织与外部环境协同演化机制三个方面。通过对上海张江文化科技创意产业基地和江苏常州动漫产业基地的实地调研,笔者发现,包括这两个基地在内的我国大部分动漫创意产业集群均处于起步和成长阶段,作为集群演化动力来源的三种机制在集群发展中的作用并未完全得到体现。实际起作用的仅仅是政府对集群发展的有效扶持措施以及在政府引导下建立起来的公共服务平台对集群企业的知识和信息溢出。也就是说,集群组织与外部环境协同演化机制和集群内企业集体学习机制作为集群发展的动力源在推动着其演化成长,而处于成长阶段的集群内企业创新竞合机制所起的作用较弱。

6.2.1 张江文化科技创意产业基地发展的动力来源

6.2.1.1 集群外部环境(主要是政府政策扶持)对集群组织发展的促进作用

张江文化科技创意产业基地自成立以来,充分依托浦东新区和张江高科技园区,发挥浦东综合配套改革和聚焦张江的优势。2005年浦东新区人民政府相继出台了《浦东新区扶持文化发展的若干意见(试行)》、《上海市文化科技创意产业基地文化科技创意企业(机构)认定办法(试行)》和《浦东新区张江文化科技创意产业

① http://www.jschina.com.cn/gb/jschina/focus/z2008/5czdm/node37018/node37021/userobject1ai2043845.html.

发展基金管理办法(试行)》,明确指出要充分依托张江高科技园区的技术、人才、政策等高地优势,发展文化创意产业。按照文件规定,被认定为文化科技创意企业的企业可参照享受国家高新技术企业的税收优惠政策。浦东新区政府设立了1.2亿元的专项扶持基金,对符合条件的企业在原创、市场开拓、房租等多方面进行补贴。以上两大优惠政策对快速积聚企业、推进张江文化创意产业发展起到了积极的作用。2005年及2006年,基金共对54项符合要求的项目进行了扶持,扶持金额达2500多万元。①

6.2.1.2 中介组织对集群在信息、资金、技术等方面的扶持

(1) 构建技术性公共服务平台

第一,建立动漫研发公共服务平台。该平台成立于2005年12月,由浦东新区科委出资1000万元、张江集团与电影学院分别出资200万元共同设立。平台采用公司化运作模式,主要有三大功能,即设备租赁、委托开发(项目孵化)以及专业培训,主要由平台公司负责实施。该平台经过一年的发展,不断扩充服务内容,扩大服务范围,先后举办了3期MAYA认证培训,并在上海市科委的支持下对渲染设备进行升级。同时,公司的专业团队还积极参与园区企业的原创动漫项目制作和孵化。其中,"立体书"项目更是获得了法国戛纳电视节青少年组作品入围奖,开创了国内原创动画项目获国际奖项的先河。第二,建立影视后期制作公共服务平台。该平台成立于2006年8月,是基地联合沪上影视后期制作龙头企业上海永尊文化传播有限公司共同投资打造的上海首个基于高清技术的影视后期制作公共服务平台。目前首期400万元设备已完成调试投入使用。该平台能为中小企业及个人提供节目拍摄、编辑、后期制作、栏目包装等方面的技术支持,并已成为张江高科技园区影像资料集成数据库。

---

① 《上海张江文化科技创意产业基地》,中国文化产业网,2007年9月17日,http://www.cnci.gov.cn/news/culture/news_8735.htm.

(2) 建立投融资公共服务平台

在上海市委宣传部和浦东新区人民政府的领导与支持下，由双方共同出资5000万元设立的上海市东方惠金文化产业投资资金于2006年12月31日正式设立；上海东方惠金文化产业投资有限公司作为资金的运营及管理公司也于同日成立。作为基地投融资服务功能的主体，该公司将结合张江文化创意产业基地的发展现状，以政府基金为引导，实现多渠道吸引民营资金、外资及社会资金参与的资本撬动效应，逐步建立完善融资担保、风险投资和产业基金三位一体的重点支持张江文化科技创意产业基地发展的投融资平台。①

(3) 政府出面协调建立动漫产品供需交流平台

2008年3月，由上海电视节组委会、上海市文化发展基金会和上海市文化科技创意产业基地联合主办，张江文化科技创意产业发展有限公司承办的“聚焦动漫谷——上海动画项目创投”活动正式启动，旨在为中国原创动画与资本投资方之间搭建沟通的平台，挖掘内地市场的创作潜力，开拓动漫市场，打通整条动漫产业链。这项活动卓有成效，几个月时间收到全国近百件优秀动漫产品；它在鼓励资本在早期介入动漫产品制作、动漫创意与市场营销结合，以及与国内外市场高度对接方面发挥了积极作用。②

6.2.2 常州动漫产业基地发展的动力来源

6.2.2.1 政府部门的优惠政策促成动漫企业快速集聚

2005年5月正式成立了由常州市政府主要领导担任组长、全市13个职能部门为成员的常州动画产业发展领导小组，明确了动画产业发展思路，制定了动画产业发展规划，形成了全市推进动画动漫产业的合力。常州市政府下发了《关于鼓励和扶持动画产业

---

① 《上海张江文化科技创意产业基地》，中国文化产业网，2007年9月17日，http://www.cnci.gov.cn/news/culture/news_8735.htm.

② 王宝发：《张江“动漫谷”展开新蓝图》，《浦东开发》，2008年第9期。

发展若干规定》文件,并于2005年8月1日正式施行。该规定对影视动漫、数字游戏产业的生产用房、税收、动画原创、制作播放、创优获奖、科技经费方面都有明确的优惠和奖励条款,优惠和奖励幅度远超其他产业。政府专门设立了动漫企业"销售创效奖"、"网络游戏产品上线奖"、"原创动画影视作品播出奖"等。凡企业作出的贡献和业绩,都能得到相应的褒奖。为帮助动漫企业解决资金难题,常州市用3年时间筹措资金5000万元,建立了"动漫专项资金",对重点企业加以扶持。同时,对知名动画企业实行"一企一策";对为动画产业招商引资的单位和个人予以奖励;对经过认证成为高新技术企业的原创动画企业进行奖励;对一些资金缺口比较大的重点项目予以资助。另外政府还积极促成企业与外界的交流,为入驻基地企业打造了3条通往国际市场的通道:第一,基地与文化部中外文化交流中心达成协议,将长期在常州举办"中国国际卡通数码艺术周",这是国家级、国际性的专业交流平台。每年的艺术周博览会上,入驻基地的企业都能免费进场展示自身的形象和成果。第二,基地与韩国达成了"国际动漫节"互展协议,通过与执韩国动画之牛耳的江原情报影像振兴院合作,进行双边互展交流。第三,基地与美国迪士尼公司联合举办中华民族原创动画作品创意征集展。凡入驻基地动画企业的作品都有机会通过多条通道走向世界。①

6.2.2.2 完善的公共服务平台满足企业迫切需求

经过近几年的建设,常州国家动画产业基地公共技术服务平台已初具规模,正日益显示出它的服务效应和功能,吸引了文化创意产业企业的集聚,带动了常州动漫产业的发展,也为常州市产业升级带来全新契机。基地投资2000万元,购置了国际一流的后期制作设备,搭建影视动画后期制作平台;投资1000万元,搭建数字

① 《国家动画产业基地介绍——常州国家动画产业基地》,http://hi.baidu.com/maybeland/blog/item/6oa86fa9f27559fa1f17a22c.html.

娱乐产业技术服务平台。这些平台既能满足高清、标清、数字电影、网络游戏、数字娱乐等不同层次的技术需求，又有利于企业降低制作成本、提升制作水平。基地还构建了由国家重点扶持的“四库三平台”之一——二维无纸动画平台中的数据库，目前已拥有了3000多万张动漫相关素材，为国内外动漫企业提供服务。目前平台工作场所面积近3000平方米，配备了50套100个CPU的IBM的大型动画渲染设备、SONY-750数字高清摄像设备、2台套最先进的AVID高清、电影数字后期成套设备等；仪器设备的数量和档次处于国内领先水平。平台以服务基地、面向华东为目标，为动漫企业提供全方位的公共服务，具体包括：技术设备支持；三维动画片渲染；二维动画片上色、扫描、线拍；动画片后期合成剪辑、动作捕捉、特效、配音、校色；等等。平台已联合韩国、美国、日本等境内外10多家国际国内知名企业组建了亚洲动画联盟，并承担了总投资近千万美元的国际动画合作项目制作任务；与韩国春川动漫基地结成了友好基地，与英国中央电影公司达成影视后期制作合作意向。平台已成为常州动画基地吸引境内外企业入驻的一大优势，也为推进基地企业作品走向国际市场创造了良好的环境。

同时，基地为解决动漫企业的融资难问题，又组建了专门的投融资公司。近几年，通过政策和市场机制，构建了多元融资通道，吸引社会资本和其他资本进入数字动漫产业。同时，充分发挥主渠道作用，组织对重点企业、重大项目的投融资。2007年以来投融资资金达5000万元，帮扶企业不断发展。

到目前为止，常州动漫产业基地已形成八大公共服务平台，包括“国家二维无纸动漫公共技术服务平台”、“影视动画公共技术服务平台”、“数字娱乐产业公共技术服务平台”、“教育培训公共技术服务平台”、“国际交流合作平台”、“衍生产品研发平台”、“动漫产品产权交易平台”、“投融资咨询平台”。这些服务平台的构建为该基地的快速发展提供了必不可少的支撑。

平台在广电总局立项的动画题材已达115部。2008年共完成动画片10部(722集、7054分钟)。累计共完成动画片30部,其中9部已在中央电视台播出。先后有7部被广电总局评为优秀动画片,有2部获国家精品奖,有3部获省精品奖,有1部获省"五个一工程奖"。在2009年4月杭州国际动漫节上,动画片《小卓玛》得到中国动画学会最高奖——"美猴奖";在第五届"中国(常州)国际动漫艺术周"上,《小卓玛》、《风信》2部动画片又获殊荣。

另外常州还具有动漫产业发展的人才资源优势。依托常州科教城以及在常高等专业(职业)院校的教育资源、教育品牌的优势,引进境内外知名动画学院,基地搭建了人才培养平台,为常州动漫产业提供源源不断的人才支持。目前在校动画及相关专业学生2500多人,每年可输送动画人才近1000人,可以满足基地企业的人才需求。2009年,基地还启动实施了动漫人才培养三年规划,重点加大对动漫技能型、应用型人才的培训。

当前常州已跻身"中国十佳最具投资价值的创意基地"。常州正在构建以中华恐龙园为核心的高新区动漫产业集群区和以江苏文化产业基地、西太湖基地为载体的武进动漫产业集群区。"中国动漫之都"是常州未来的定位。①

6.3 文化创意产业集群发展影响因素的实证分析

6.3.1 统计方法介绍

因子分析(Factor Analysis),也称因素分析,是一类降维的相关分析技术,用来考察一组变量之间的协方差或相关系数结构,并用以解释这些变量与为数较少的因子(即不可观测的潜变量)之间的关联。② 其基本思想是要寻找公共因子,以达到降维的目的。目

① 《江苏常州发展动漫产业　优化产业》,http://www.acgmall.com/?action-viewnews-itemid-945.

② 李怀祖:《管理研究方法论》,西安交通大学出版社,2004年,第214-215页。

前因子分析包括探索性因子分析(Exploratory Factor Analysis，EFA)和验证性因子分析(Confirmatory Factory Analysis，CFA)。它们都是因子分析中两个不可分割的重要组成部分。这两种因子分析都是以普通因子模型为基础，但在基本思想、应用前提、理论假设、分析步骤和应用范围等方面均存在较大差异。①

探索性因子分析是指从数据出发，从数据中提炼公共因子(潜变量)，进而研究其关系的方法。该方法是在事先不知道影响因素的基础上，完全依据资料数据，利用统计软件以一定的原则进行因子分析，最后得出因子的过程。因此探索性因子分析主要是为了找出影响观测变量的因子个数，以及各因子和各观测变量之间的相关程度。探索性因子分析没有先验理论，只能通过因子载荷凭知觉推断数据的因子结构。

而验证性因子分析则是根据已有的理论研究成果或经验设定潜变量及模型结构，通过采集相关数据验证事先构建的关系。其主要目的是确定事前定义因子的模型拟合实际数据的能力，以试图检验观测变量的因子个数和因子载荷是否与基于预先建立的理论的预期一致。指标变量是基于先验理论选出的，是在已知因子的情况下检验所搜集的数据资料是否按事先预定的结构方式产生作用。验证性因子分析允许研究者先依据理论或先前假设将观察变量构成测量模式，然后评价此因子结构和该理论界定的样本资料间符合的程度。验证性因子分析主要应用于以下 3 个方面：① 验证量表的维度或面向性(Dimensionality)，或者称因子结构，决定最有效因子结构；② 验证因子的阶层关系；③ 评估量表的信度和效度。

在第五章中，笔者通过阅读国内外相关文献构建了文化创意产业集群演化影响因素的假设模型，这里将利用从对上海张江文

---

① 周晓宏，郭文静：《探索性因子分析与验证性因子分析异同比较》，《科技和产业》，2008 年第 9 期。

化科技创意产业基地和江苏常州动漫产业基地的实地问卷调查中获得的数据资料对其进行验证和分析。因而可以认为这里采用的是验证性因子分析。

6.3.2 调研对象描述

笔者选取上海张江文化科技创意产业基地内25家动漫创意企业以及江苏常州动漫产业基地内37家企业为调研对象，其中较大型动漫企业23家，中小型动漫企业39家。两地共发放问卷120份，收回有效问卷93份，问卷有效率为77.5%。而在接受问卷调查的人员中，公司经理为11人，中层管理人员为34人，公共服务平台及其他中介组织工作人员10人，其余均为动漫创意设计和制作人员。调研对象的基本情况见表6.1。

表6.1 调研对象的基本情况

被调研企业基本情况	上海张江文化科技创意产业基地	江苏常州动漫产业基地
调研企业数量/家	25	37
其中：较大型企业/家	7	16
中小型企业/家	18	21
问卷收回数/份	32	61
其中：公司经理人员/份	3	8
公司中层管理人员/份	11	23
公共平台及中介人员/份	4	6
创意设计人员/份	14	24

6.3.3 模型效度检验

先检验假设中指标间的相关性。检验相关性的方法主要有KMO样本测度和Bartlett球体检验。样本充足测度KMO值是用来检验变量间的偏相关是否很小，其值越接近1表明越适合进行因子分析。一般认为KMO值在0.6以上较适合作因子分析，最低

值不能低于 0.5。而通过 SPSS 软件运算得出由这 19 个指标构成的指标体系总体 KMO 值仅为 0.388，不适宜进行因子分析。但发现只要剔除市场维度的 3 个因素，利用剩余因素重新计算 KMO 值，即可得如表 6.2 所示的结果。

表 6.2　KMO 值和 Bartlett 球体检验

Kaiser-Meyer-Olkin Measure of Sampling Adequacy		0.657
Bartlett's Test of Sphericity	Approx. Chi-Square	222.808
	df	105
	Sig	0.000

从表 6.2 中可以看出 KMO 的值为 0.657，该值大于 0.6，说明观测变量适合进行因子分析。同样 Bartlett 球体检验值也符合要求，其结果在 $P=0.000$ 的水平上显著。综合两者可以看出经剔除市场因素维度的 3 个因素后，其余因素适合作因子分析。

通过运用 SPSS 统计软件，发现社会文化维度 3 个因素的 Cronbach α 系数仅为 0.329，而通过删除因素 X_7 即“员工创业精神”后，社会文化维度的两个因素的 Cronbach α 系数提高为0.631。通过调整发现信度有了较大提高，因而可认为删除 X_{10} 这一项较为合适。

6.3.4　因子分析

接下来，对经过调整后剩下的 15 个指标变量作因子分析，表 6.3显示了因子方差贡献率，表 6.4 为因子载荷矩阵，表 6.5 为旋转后的因子载荷矩阵。

表 6.3 因子方差贡献率

因子序号	初始特征值			未旋转因子载荷平方和			旋转后因子载荷平方和		
	特征值	方差贡献率/%	累计贡献率/%	特征值	方差贡献率/%	累计贡献率/%	特征值	方差贡献率/%	累计贡献率/%
1	4.041	26.942	26.942	4.041	26.942	26.942	3.332	22.213	22.213
2	2.611	17.407	44.350	2.611	17.407	44.350	2.246	14.972	37.184
3	1.880	12.530	56.880	1.880	12.530	56.880	2.054	13.695	50.879
4	1.492	9.950	66.830	1.492	9.950	66.830	1.845	12.299	63.178
5	1.075	7.164	73.994	1.075	7.164	73.994	1.622	10.816	73.994
6	0.867	5.781	79.775						
7	0.716	4.774	84.549						
8	0.565	3.767	88.315						
9	0.430	2.866	91.181						
10	0.416	2.773	93.955						
11	0.337	2.248	96.202						
12	0.235	1.565	97.767						
13	0.143	0.953	98.720						
14	0.114	0.762	99.482						
15	0.078	0.518	100.000						

Extraction Method: Principal Component Analysis.

表 6.4　因子载荷矩阵

影响因素	因子				
	1	2	3	4	5
知识产权保护机制	−0.303	0.513	0.171	0.148	0.657
风险投资融资方式	−0.177	0.108	0.772	−0.125	0.316
政府产业政策	0.176	−0.227	0.649	0.396	−0.176
产业基础设施	0.714	−0.409	0.057	−0.175	−0.013
当地人才供给状况	−0.014	0.505	0.623	0.170	−0.243
公司对员工创业的态度	0.722	−0.022	0.054	−0.393	−0.226
当地文化创作的氛围	0.507	0.663	−0.072	0.387	−0.123
公司对新知识的吸收能力	0.488	0.365	−0.162	0.656	−0.233
企业内的创新氛围	0.399	0.654	0.136	−0.435	0.037
企业之间相互学习和信息交流的状况	0.768	0.135	−0.282	0.068	0.249
动漫基地内的知识外溢状况	0.281	0.674	0.059	−0.481	−0.196
基地内公司之间的信任度	0.734	−0.076	0.015	0.116	0.379
公共服务平台的建设	0.733	−0.222	0.136	−0.148	0.148
中介机构提供服务的成效	0.599	−0.271	−0.024	0.209	0.222
高校和科研机构的服务效率	0.313	−0.511	0.535	0.006	−0.127

表 6.5　旋转后的因子载荷矩阵

影响因素	因子				
	1	2	3	4	5
知识产权保护机制	−0.125	0.085	0.043	0.901	−0.030
风险投资融资方式	−0.041	0.184	−0.346	0.598	0.491
政府产业政策	0.361	−0.136	−0.221	0.615	−0.292
产业基础设施	0.126	−0.200	0.143	0.781	−0.072
当地人才供给状况	−0.396	0.063	−0.093	0.121	0.725
公司对员工创业的态度	−0.277	0.384	0.302	0.615	0.193
当地文化创作的氛围	−0.446	0.498	0.004	0.067	0.528
公司对新知识的吸收能力	0.164	0.370	0.830	0.013	0.116

续表

影响因素	因子				
	1	2	3	4	5
企业内的创新氛围	0.180	−0.002	0.918	0.051	−0.066
企业之间相互学习和信息交流的状况	0.169	0.855	0.110	−0.030	0.156
动漫基地内的知识外溢状况	0.193	0.717	0.371	−0.255	0.012
基地内公司之间的信任度	−0.038	0.885	0.126	−0.075	−0.019
公共服务平台的建设	0.807	0.041	0.192	0.028	0.108
中介机构提供服务的成效	0.755	0.166	−0.034	0.146	−0.167
高校和科研机构的服务效率	0.680	−0.171	0.166	0.060	−0.059

6.3.5 信度检验

在因子分析之后，为进一步了解可靠性与有效性，通常需进行信度检验。常用的信度检验方法为考察"Cronbach α"系数值大小。通常情况下，总量表的信度系数最好在 0.8 以上；如果在 0.7 和 0.8 之间，也算是可以接受的范围。而分量表的信度系数最好在 0.7 以上；如果在 0.6 至 0.7 之间，也可以接受使用。用 SPSS 对量表作信度分析，得出如表 6.6 所示的结果。

表 6.6 信度检验结果

因素	Cronbach α 系数
制度政策因素	0.633
社会文化因素	0.631
企业创新因素	0.842
企业网络环境因素	0.634
中介组织因素	0.736
整个量表信度	0.738

从表 6.6 中可以看出，所有因素的 Cronbach α 系数值都大于 0.6，属于可接受的范围。

6.3.6 假设模型修正

由运用最大方差法对因子进行旋转后的表 6.5 可以得出，公

共服务平台建设 X_{17}、中介机构提供服务的成效 X_{18}、高校和科研机构的服务效率 X_{19} 3 个因素在公因子 1 上有较高载荷，而在公因子 2 上载荷较高的 3 个因素分别是企业之间互相学习和交流的状况 X_{14}、动漫基地内的知识外溢状况 X_{15}、基地内公司之间的信任度 X_{16}。因而需要对假设 6 作出修正，把假设 6 企业间网络环境因素中的 3 个因素 X_{17}，X_{18} 和 X_{19} 划分为一个单独的影响维度，可称之为中介组织因素，而其他 3 个因素依旧称为企业网络环境因素。

公因子 3 对公司对新知识的吸收能力 X_{11}、企业内的创新氛围 X_{12} 两个因素有较高载荷，但假设 5 中公司对员工创业的态度 X_{13} 因素并没有体现在公因子 3 上有较大载荷系数而该因素在公因子 4 上却有着较大载荷，可见需对假设 5 作出修正，即将公司对员工创业的态度 X_{13} 这一因素划分到假设 2 制度政策因素的维度中去。

公因子 4 对知识产权保护机制 X_1、风险投资融资方式 X_2、政府产业政策 X_3、产业基础设施 X_4 以及公司对员工创业的态度 X_{13} 5 个因素有着较高载荷，因而在制度政策因素这一维度中应增加公司对员工创业的态度 X_{13} 这一指标。

公因子 5 对当地人才供给状况 X_5、当地文化创作氛围 X_6 两个因素有高载荷，因而社会文化因素维度中只包括 X_5 和 X_6 两个因素。对原假设进行修正后的动漫产业影响因素模型如表 6.7 所示。

表 6.7　对原假设进行修正后的动漫产业影响因素模型

影响因素	子因素
制度政策因素	知识产权保护机制 X_1
	风险投资融资方式 X_2
	政府对产业发展的扶持政策 X_3
	产业基础设施 X_4
	公司对员工创业的态度 X_{13}
社会文化因素	当地人才供给状况 X_5
	当地文化创作氛围 X_6

续表

影响因素	子因素
中介组织因素	公共服务平台建设 X_{17} 中介机构提供服务的成效 X_{18} 高校和科研机构的服务效率 X_{19}
企业创新因素	公司对新知识的吸收能力 X_{11} 企业内的创新氛围 X_{12}
企业网络环境因素	企业之间互相学习和交流的状况 X_{14} 文化创意集群内的知识外溢状况 X_{15} 集群内公司之间的信任度 X_{16}

6.3.7 结果分析

将假设修正前后的影响因素加以对比，可以发现以下几方面变化：

（1）市场因素作为动漫产业发展影响因素的假设不能成立。虽然不少学者认为市场需求结构的变化是企业集群发展与优化的重要条件，适应需求变化是企业集群存在和发展的前提；但通过对两处基地的实地调研来看，市场因素并未成为动漫产业基地形成和发展的重要影响因素，而制度政策因素的影响对其发展显得更为重要，因而需对假设 1 影响因素的维度进行修正。

（2）根据因子分析的结果，应将原假设 6 企业网络环境维度中 3 个指标公共服务平台的建设 X_{17}、中介机构提供服务的成效 X_{18}、高校和科研机构的服务效率 X_{19} 划分为一个单独维度，本书称之为中介组织因素维度。根据对两个城市动漫基地实地调研结果来看，中介组织尤其是公共技术服务平台为企业产品的制作提供了较为有效的帮助，因而中介组织因素确实成为动漫企业集聚发展的重要影响因素。

（3）企业创新因素维度的一个子因素“公司对员工创业的态度”X_{13} 调整到制度政策因素维度，这种划分方式可以解释为“公司对员工创业的态度”反映出当地企业一种非正式制度的规则，因而将其列在制度政策维度中也较为合适。

(4) 社会文化因素维度中的"员工创业精神"X_7 子因素应剔除更为适合。"员工创业精神"的另一种表述方式是"企业家精神"，即企业员工是否有着强烈的创立新企业的愿望。由于两处动漫产业基地刚建立不久，员工中新员工比例较高，他们从业经历和时间都较少，目前更多的是处于成长和积累阶段，因而"员工创业精神"这个子因素不能构成动漫产业基地发展的重要影响因素。

本章小结

本章以上海张江文化科技创意产业基地和江苏常州动漫产业基地为例，描述性地分析了这两处基地所处的生命周期发展阶段以及发展的动力来源。对集群发展的影响因素则采用问卷调查的实证方法加以研究，通过对基地内的企业和从业人员进行调研，在掌握了第一手数据资料的基础上，运用因子分析技术对集群发展影响因素量表的理论模型进行验证并对原模型进行修正。

第七章

政策建议

7.1 制度政策方面

7.1.1 着力构建完善的知识产权保护政策

文化创意产业实质上是版权产业，对知识产权的保护是其获得发展的必要外部条件。尽管我国当前已拥有《专利法》、《商标法》、《著作权法》3部知识产权法规和相关实施细则，这些法规为我国实施知识产权保护提供了必要的法律支撑，但当前我国针对文化创意产业的知识产权保护依然存在着诸如政策不够系统、与现有法律法规不够配套、知识产权管理部门分散、管理水平和效率不高等问题。[①] 对上述问题可以采取如下应对措施：

(1) 政府应尽快完善我国现行的知识产权保护法律体系。现行的知识产权保护法规需要出台更全面的实施细则，同时应当在系统研究文化创意产业发展规律的基础上，围绕产业链的每个环节，制定出保护知识产权的政策体系。

(2) 加强各知识产权管理部门的协作，并通过创新管理体制与机制发挥行业协会、非政府组织的职能，建立顺畅的管理体制，从而形成有效的管理合力，提高知识产权管理的水平和效率。

---

① 吴俐萍：《创意产业发展的政策支撑体系研究》，《科技进步与对策》，2006年第11期。

（3）实施灵活和动态的知识产权保护策略。最优的知识产权保护强度并非是越强越好，这应取决于不同产业在不同阶段的技术特征。在我国文化创意产业集群发展的初期，适应我国文化创意产业自主创新能力建设的知识产权保护强度不宜过高。随着我国文化创意企业创新能力的增强，应通过逐步提高知识产权保护强度来激励文化创意企业增加自我研发投入。

7.1.2　完善风险投资机制，进一步拓宽融资渠道

尽管国家在不断加大对文化创意产业的信贷支持，但依然无法满足大量文化创意企业（尤其是中小型文化创意企业）对资金的需求。文化创意产业是一种具有高风险特征的创新型产业，大多数文化创意企业规模小、有形资产少、无形资产多。这种特点决定了以银行融资模式为主导的资本市场结构无法对其进行有效融资。从国外发展文化创意产业集群的成功经验看，良好的风险投资制度是企业进入快速成长期的关键要素。风险投资资本进入文化创意企业后，为企业发展提供了长期资金支持，并为企业带来了成熟的经营管理技能和模式，能有效提升企业竞争力。可见完善风险投资机制是缓解文化创意企业融资难的有效途径，为此当前应做好以下方面工作：

（1）鼓励各类风险投资基金或文化产业投资基金的设立和发展，在政策允许的范围内引导这些资金投入文化产业各门类和企业，同时还应给予投资的政策优惠。

（2）完善风险投资退出机制。风险投资基金的本质是一种投资，即通过对文化创意企业的投资使其在一定时间内得以快速成长而后通过股权转让实现资本增值。可见完善的风险投资基金退出机制就成为了风险投资市场中不可缺少的重要因素，失去它则将失去对风险投资基金的吸引力。

7.1.3　进一步完善促进文化创意组织发展的产业政策

文化创意产业集群的发展在我国尚处于起步和成长阶段。作为一种具有巨大发展潜力的新兴产业集群，其在发展的各阶段必

然离不开政府的引导和扶持。实施产业政策的手段通常有法律手段、经济手段和行政手段3种。由国外文化创意产业集群发展政策可以看出，产业政策的实施手段以法律手段和经济手段为主，较少运用行政手段。从我国国情来看，产业政策同样应该以使用法律手段和经济手段为主，同时辅之以必要的行政手段。具体产业政策应包括以下内容：

(1) 通过完善法制为文化创意产业的健康发展创造公平有效的竞争环境，注重文化创意企业内生发展能力的培育。尽管当前我国文化管理方面的法规为数不少，但其更多地表现为对文化主体行为的管制和约束，而较少涉及对其的扶持和引导，极大地限制了法规本身的作用空间。现阶段对文化方面的立法应将重点放在规范文化主体的市场行为方面，扶持、促进和引导文化主体的发展，重视民间力量的发掘和激励，更好地发挥法规的促进和保护职能，而以管理职能为辅。

(2) 对文化创意产业的发展采取诸如信贷、利率、税收和补贴等优惠政策，旨在通过国家经济调控手段为成立初期的文化创意企业减免税负、增加盈利，从而使得这些企业在短期内能获得较快发展，激励文化创意产业集群快速发展。

(3) 政府运用行政手段制定的产业政策应该体现在加强自身的行政服务职能、减少行政干预方面。应通过提供产业统计体系、协调和整合各部门管理职能为文化主体的市场活动提供服务。

7.1.4 加快文化创意产业集群发展的基础设施建设

文化创意产业集群的发展对地区有着更高的基础设施需求，不仅需要政府提供公共服务、通信、交通等基础设施，还需要政府提供文化基础设施。进一步加强基础设施建设的重点应为以下几个方面：

(1) 注重通信、信息基础设施建设。便捷的现代通信和信息技术是文化创意产品的主要传输手段和载体，而这些基础性的网络技术、数字内容传输技术、信息管理和电子商务等信息技术以及技

术的标准化和通用性已成为制约文化创意企业发展的瓶颈问题。今后一段时间亟须在这些关键性技术上取得突破，从而为文化创意集群的发展提供重要技术支撑。

(2) 建立完善的文化基础设施。完善的公共文化基础设施网络会对区域的文化发展产生巨大的辐射力和带动力，有利于集聚吸纳高端要素，推动文化创意产业集群发展。政府应着力建设一批布局合理、与现代文化创意产业相配套且功能完善的公共文化设施，营造一个为所有受众共同体验和共同参与的创意环境与想象空间。

(3) 在不断加大对文化基础设施投入的同时，积极鼓励和支持其他各类资金对上述文化基础设施以及涉及文化创意内容产品的通信和信息基础设施、技术的投资。

7.2　社会文化方面

7.2.1　努力培育城市文化创作氛围

弗罗里达认为创意阶层比较偏好多元化、具有包容性、更趋向于居住在对新观念开放的地方。多元化的文化氛围代表着“新奇”与“活力”。在此氛围中创意人群混合在一起，加速了创意知识的流通和创意资本的集中，从而产生了新的组合，带来了更高的创新力、高科技企业、新就业机会以及该地区经济的增长。政府部门的引导政策应体现在以下几个方面：

(1) 鼓励艺术家创作，为艺术家提供发展艺术事业的空间，提高他们在城市中的声望、地位。

(2) 创意人群需要有新刺激的环境，需要能随时参与的街头文化，需要能够与他人互动交流的便利设施和场所；因此政府应积极创设小规模的，有活力、非正式、街头形式的各种便利设施，开展艺术展等文化活动，增强对创意人群的吸引力。

(3) 增强政府行政效能，为创意产业的形成与发展提供支持性的环境。当地的商业环境,例如建立文化创意企业的便捷、行政审批手续的简洁以及初创企业所能得到的有效指导和帮扶等也是众多创意人员考虑的重要因素。

(4) 为市民及游客提供多渠道接触创意产品的机会,让他们能够感悟和体验创意空间,欣赏多文化差异,唤醒自身创意潜质,认同和向往创意生活。

7.2.2 完善创意人才培养机制

经过实地调研和深入访谈,笔者发现尽管一些专业院校向创意基地输送了大批创意专业人才,但优秀的原创人才依然较为缺乏,这与我国当前创意教育层次较低且水平不高有关。当前需从以下几方面着手缓解该矛盾:

(1) 进一步提升高等院校专业教育水平,实施学校和企业联合培养模式。当前高等院校的专业教育与文化创意企业对人才的需求存在脱节的现象。解决该问题的最有效路径就是让学生在接受学校的专业理论教育后参与到企业的创作中,在实践中运用理论。学校和企业的联合培养能让学生快速融入企业创作之中,缩短人才培养周期。

(2) 加快建立文化创意产业领域人才培养的规划、认证等制度。韩国在文化创意人才培养方面有以下经验:建立完善的人才管理系统、实行资格认证制度以及建立文化创意产业专门人才数据库。我国可以借鉴上述一些有益的做法,例如:设立专门的文化创意产业人才培养管理部门,负责对人才的培养和管理;设立专门的认证机构对文化创意产业教育机构实行认证;建立专门的文化创意产业人才数据库;等等。

(3) 拓宽文化创意人才的全球化视野。积极鼓励文化创意企业选派人才出国研修并参与国外文化创意企业的生产创作过程,同时以各种灵活的引才方式引入国际优秀的原创人才,以此加快国内原创人才的培养步伐。

7.3　中介组织方面

7.3.1　进一步拓展公共服务平台职能

从文化创意产业集群发展的要素支撑条件来看，中小文化创意企业对资本、人才、技术平台和信息的需求最为强烈，对能提供共享服务的公共平台需求尤为突出。通过对上海张江文化科技创意产业基地和常州动漫产业基地的实地调研，笔者发现，公共服务平台缓解了基地企业缺少大型创作设备的技术难度，为企业发展提供了较好的技术支撑，但公共服务平台还应该延展其他服务职能，例如：为动漫企业的融资、动漫项目孵化、产权交易和投资并购提供中介服务；为动漫企业的高端人才引进和培养提供服务；为动漫企业寻找版权代理商、出版社、网络运营商、衍生产品开发商并提供商贸配对服务；设立动漫项目孵化器、促进动漫精品原创以及为动漫企业提供版权登记、代理、开发、交易和版权保护服务；等等。为此政府应从以下方面着手加以改善：

(1) 界定政府职能，扩大公共服务平台作用范围。经过政府职能转变，不少原有政府部门行使的职能现已由公共服务平台机构执行。但目前仍需进一步界定政府职能，将政府职能的重点放在制定文化创意产业集群公共服务平台建设规划以及指导上，明确政府各职能部门在平台投资建设、运营管理中的职责分工，建立公共服务平台的监督管理机制。同时应规范政府行为，把原来由政府承担的各项具体职能交予公共服务平台实施，使其成为文化创意产业集群中提供公共服务的主要力量。

(2) 实行政府主导，同时鼓励各投资主体参与建设。政府应该根据公共服务平台的性质选择公共服务的供给模式。例如，那些公益性很强、外部性突出、服务范围广、企业不愿意投资的服务设施，应由政府财政支持。而那些一次性投资过大、使用效率较低、单个企业难以承担的项目，则完全可以共享公共服务平台，由政府通过贷款贴息、项目补贴等方式，对外实行低价收费服务，减少企业成本和风险。对于一些由政府公共资金引导、由其他投资者共同参与的服务项目，则应该实施公司化运作模式，可通过向集群内企业收取低于市场价格的服务费用来降低集群内中小创意企业的经营成本。同时可出台优惠政策吸引外部成熟的中介组织入驻，为集群企业提供公共服务，以实现公共服务供给多元化，减轻政府财政负担。

7.3.2 加快发展各类文化创意中介组织

文化创意中介组织是指在文化创意产品交易市场中为交易双方提供信息、促成交易的文化服务组织，其本身也是文化创意企业的一种类型。它同其他文化创意企业共生于集群之中，并成为文化创意集群发展的重要推动力量。国外文化创意产业集群发展经验表明文化创意产业的发展需要各类中介组织参与到文化创意产品的制作链条中，例如：文化产品的创作环节需要中介组织提供策划、组织等服务；在创作与生产环节的沟通与连接中需要中介组织提供设计、包装等服务；而在文化创意产品的流通等环节需要中介组织提供产品价值评估等服务。当前应从以下几方面加强中介组织建设：

（1）加快文化中介服务立法，规范其市场行为。对文化中介组织活动进行立法是促进文化中介组织快速健康发展的根本保障。应根据我国当前文化中介组织发展现状制定系统和配套的法规体系，以正确引导和规范中介组织的市场行为。

（2）健全中介组织运作机制，提高中介组织运作效率。这需要从政府部门加强监管和提升中介组织从业人员综合素质着手。通过政府部门监管，例如采用分级管理和评信等级的手段加强对中介组织市场运作的规范，从而不断提升中介组织的整体服务水平。而文化创意中介组织的服务对象是那些由现代技术支撑的新兴产业组织与受过较多专门教育的专业技术和文化创意创作人群。这就要求中介组织从业人员必须具有较完整的知识结构，具有对政策、制度、市场规则等较好的理解能力，因而从业人员素质的提升已经成为影响中介组织运作效率提高的关键因素。

(3) 建立文化中介行业的自律机制。加强行业自律，形成一套较为成熟的自我约束和自我管理的内在机制，以维护当事人合法权益、规范各类文化创意中介组织机构以及促进中介组织间的正当竞争。

7.4 企业创新方面

7.4.1 政府应着力帮助文化创意企业提升知识吸收和应用能力

文化创意企业对知识吸收和应用的能力源于其有着连续不断的学习新知识和新技术的机会；通过这些学习机会，企业会在不断学习的过程中逐步累积新知识，并通过知识整合形成新的知识生成能力即提升创新能力。政府可以通过多种路径帮助文化创意集群内企业获得学习机会。

(1) 积极促成企业与外界的交流与合作，包括：组织企业参加国内外文化创意产业博览会，努力使企业接触产业发展前沿，为企业提供创意源泉；增强企业与跨国、跨区域的其他文化创意产业集群企业的合作。

(2) 政府可为文化创意企业成员提供所需的培训服务。在国外政府通常以立法的形式筹措培训经费，将公共资金用于培训已成为合法的举措。职业培训本身就是一种能行之有效提升文化创意企业员工对专业知识理解、吸收和应用能力的重要路径。众所周知，我国的专业教育通常存在着理论教学与实践相脱节的现象，这使得不少文化创意企业需要对新招聘人才再进行专门的职业培训，否则新员工很难快速融入企业。而由政府出资对企业员工进行培训，可节约企业的培训成本，减轻企业负担。政府部门可委托包括各大学、科研机构、生产力中心和科技培训中心等人才培训机构对集群企业的员工进行专门培训，加强各培训机构之间的横向联系，形成较为完善的企业员工培训教育体系。

(3) 鼓励文化创意企业与受众的联系和交流。波特在其著作中指出，产业集群中的企业应该主动与客户、销售渠道合作，以保持其持续的竞争优势。受众对文化创意产品的偏好各异致使文化创意产品的市场需求具有较大的不确定性；文化创意企业只有与受众进行有效沟通才能了解市场需求，从而为产品提供创作来源，提升自身对知识的应用能力。

7.4.2 培育良好的企业创新氛围，提升文化创意企业创新能力

宽松自由的创作氛围是创作人员产生灵感的前提，良好的企业创新氛围对于文化创意企业来说至关重要。只有在自由的氛围中，人的创造性思维才会畅通无阻地发挥。当人们处于一种自由宽松的环境中时，他们往往会表现出更多的积极创新行为，也更可能产生独特的创新观点和想法。可以通过以下举措培育文化创意企业的创新氛围：

(1) 政府应当制定激励企业创新的优惠措施。政府激励企业创新的政策引导是重要的外部环境。政府需制定激励企业创新的政策法规，为企业创新提供法律保障，落实一系列有利于促进创新的财税政策以扶植创新型企业。

(2) 企业高层管理者应拥有创新意识。企业高层管理者的学习创新行为起着引导下属参与学习创新的作用。企业应向员工提供自由宽松、有利于萌生创意的环境，建立起鼓励创新的激励机制。

(3) 鼓励员工创新，宽容失败。尽管企业创新存在较大风险和不确定的未来收益，但创新对于文化创意企业而言是生存之基、发展之本。一旦停止创新的步伐，企业就将失去活力并逐步走向衰亡。企业对新想法、新思想首先应给予充分肯定和支持，然后从这些新想法和新思想中选出可行性大、具有开发条件的创意构思和

创新项目进行研发。而对于员工在探索和创新过程中出现的失误则应予以理解和宽容。这样的创新环境会极大地激发员工的创造潜能，提高员工内在的创新动力。

(4) 企业应塑造以创新为核心的企业文化。企业应在组织中营造出良好的学习风气和环境，以形成创新的氛围，通过激励组织成员的创新活动和激发组织全体员工的创新欲望来培养员工的创造性思维。

(5) 企业应形成开放式的沟通和交流方式。员工之间以及上下级之间的坦诚沟通、学习交流对他们创造力的提升至关重要。组织内部氛围越具有包容性和开放性，组织成员的创造能力就越强。因而企业需要建立畅通的横向和纵向沟通渠道，鼓励员工提出更多的建议和看法。

7.5　企业网络环境方面

7.5.1　构建有效的文化创意集群企业间的信任机制

集群绩效来自于群内企业的协同发展，通常集群产生的效率会远大于单个企业效率之和。在文化创意产业集群内企业之间长期交易关系的维持主要靠集群企业之间的信任和承诺等非正式契约。可见信任在降低企业间的交易费用、减少不确定性和风险上起着极其重要的作用。作为文化创意产业集群软环境重要组成部分的企业间的信任，对集群的生存和发展意义十分重大。一般认为可从以下几方面着手提高集群企业间的信任度：

(1) 提高企业信用方面信息的透明度。企业失信行为的产生是因为信息不对称，而公共服务平台的信息服务功能得到完善后，就能充分发挥其在信息发布和信用建设中的作用。而当企业的声誉、过去交易的记录成为公共信息时，企业采取失信行为的可能性就会大大减小。

(2) 加重对失信行为的惩罚力度，提高失信违约行为的成本。

从理性人的行为基准来看，只有当违约收益大于违约成本时，才会出现违约现象；但至今企业的失信行为屡禁不止的重要原因在于我国法律对失信行为的惩罚力度过轻，使得违约的收益能够大于违约的成本。因此我国应该在立法和执法上完善社会信用建设的内容，建立有效的征信制度。

(3) 着力构建文化创意产业集群的区位品牌。区位品牌与单个企业品牌相比具有广泛、持续的品牌效应，是集群内众多企业经过长时间经营而形成的巨大无形资产。一方面，它能使每个企业都受益，改变因单个企业广告费用过大而不愿积极参与和投入的状况；另一方面，它会使集群中每个企业都认真思考失信行为的后果，并使企业行为都朝着遵守信用、规避失信行为的方向发展，从而使失信行为失去其存在的社会基础。

7.5.2 鼓励构建文化创意集群的企业创新网络

集群企业创新网络是指在某一特定区域内由互相联系的若干利益主体所构成且以技术创新为导向的开放式复杂系统。网络的功能在于能使各个分散、相互孤立的文化创意组织有效联结，形成各经济主体之间密切的交互关系；使得不同企业在产品研发中充分学习和利用相互的知识，提高创新成功的可能性。笔者认为可从以下几方面着手加快企业创新网络的构建：

(1) 与高校和研究机构建立合作研发联盟。高校和科研院所通常拥有雄厚的科研实力，是重要的知识创新源头。要建设集群创新网络就必须引入技术创新的创新源头，通过其向群内企业转移知识、信息和技术。当前我国大部分文化创意产业集群的整体创新力较弱，急需得到高校和科研机构在创意人才和先进技术等方面的支持。

(2) 以项目为抓手，鼓励集群内企业合作研发。集群内企业的创新能力具有明显的异质性，这种异质性使得企业之间开展合作成为可能。当两家甚至多家企业就一个研究项目开展合作时，不同企业的竞争优势得以显现，不同企业的创意研发人员的知识结

构得以互补；双向的知识溢出能激活更多的创新思维，从而放大创新研发能力。

(3) 鼓励建立集群内各类非正式团体。与非正式交流相呼应的是非正式团体，是集群内创意人员之间进行非正式交流的主渠道，也是非正式交流的理想平台，如各类专业协会、论坛等。非正式团体最基本的组织原则是自发性。非正式团体通常由具有类似的技术背景和知识结构的成员构成，建立在非正式契约的基础上，成员之间不存在垂直隶属关系。在这种宽松自由的氛围中，成员更愿意进行知识的交流。通常一个成熟而又充满活力的集群中，必然活跃着为数众多、类型各异的非正式团体。

(4) 帮助文化创意产业集群获取外部创新资源。积极引导集群外部有创新优势的企业入群，以发挥其在创新方面的辐射带动作用，以形成集群内大中小文化创意企业紧密配合、互动发展的区域创新网络。

本章小结

在理论研究和实证研究的基础上，本章根据前文所提出的影响文化创意产业集群发展的 5 个方面因素，构建了与此相对应的由制度政策、社会文化、中介组织、企业创新和企业网络环境 5 个方面所组成的较为系统、完整的政策建议体系。

第八章

研究结论与展望

8.1 研究结论

综合前面几章的分析，可以得出如下结论：

(1) 文化创意产业作为一种依靠个人的创意思维、融合科技和文化艺术元素、能与其他产业相融生产出具有文化艺术元素的高附加值新兴产业，具有显著的渗透和融合性、鲜明的知识产权性、市场的不确定性与高风险性以及动态延展性等特性。而文化创意产业集群则可以定义为一定地理范围内相互邻近且相互联系的企业之间存在积极的沟通、交易渠道，相互进行交流与合作的文化创意产业领域（包括电影公司、广播电视公司、广告公司、新媒介公司、出版社、唱片公司和创意设计公司等各类文化创意经营企业）的企业群。文化创意产业集群有着与其他传统集群不同的特征，即它通常需要历史文化底蕴深厚、城区基础设施便利以及拥有大量创意人才的城市地区，同时它还具有跨行业积聚、集群主体的创新性突出、创意人才的先导性等特征。

(2) 文化创意产业集群的生命周期实质上是文化创意产业集群从形成到衰亡的发展演化过程。在较为详细地分析了文化创意产业集群演化的生命周期各阶段特征的基础上，为了揭示企业间在集群生命周期各阶段竞争与合作的稳定性，笔者运用种群相互作用的 Kolmogorov 模型分析稳定共生的条件，认为集群企业的相互竞争模型适用于集群形成阶段和衰退阶段的稳定性分析。在集群形成阶段稳定性分析中，根据微分方程稳定性理论的判定方法，E_1 为平衡稳定点的条件是 $\alpha_1\alpha_2<1$。由于在竞争企业 1 的资源中企业 2 较弱，在竞争企业 2 的资源中企业 1 较弱，这样集群中企业能够稳定共存。在集群衰退阶段稳定性分析中可得平衡点 E_1 为稳定点的条件是 $\alpha_1\alpha_2>1$；该含义为在竞争企业 1 的资源中企业 2 较强，在竞争企业 2 的资源中企业 1 较强。因而，E_1 点为不稳定平衡点，即集群最终走向衰退。而集群企业的相互依存模型适用于对集群成长（成熟）阶段稳定性的分析。根据微分方程稳定性理论的判定方法，可得 $E_2(0,0)$ 为不稳定点，而 E_1 为平衡稳定点的条件是 $\alpha_1\alpha_2<1,\alpha_1<1,\alpha_2<1$。在稳定平衡点 E_1，企业 1、企业 2 的收益分别为 $\frac{N_1(1+\alpha_1)}{1-\alpha_1\alpha_2}>N_1$ 和 $\frac{N_2(1+\alpha_2)}{1-\alpha_1\alpha_2}>N_2$，即企业 1 和企业 2 因为双方的信任和合作产生了独自经营无法获得的额外收益。

(3) 由单个的文化创意企业构成的子系统之间相互作用、相互影响、相互联系，从整体上导致了集群这一组织形式的出现与动态的演化，使它呈现出新的特性。这里新的特性主要是指文化创意产业集群的自组织性和涌现性。文化创意产业集群的自组织过程实质上是文化创意企业之间以及集群系统与集群外部环境之间通过自循环与交叉循环来形成集群大系统；通过这种交叉循环与自循环来产生协同效应，从而形成一种超循环。超循环使得动态的组织系统向一系列更高的组织层次进行质的飞跃。而文化创意产业集群的涌现性是指集群这种复杂系统自组织过程中出现的新的、协同的结构、模式和性质；其出现在系统的宏观层次上，是系统整体具有而部分不具有的、全新的现象。由于文化创意产业集群内企业不完全由系统内部条件决定，也具有不可完全预测性，因此它们的行为具有显著的涌现性。这主要体现在经济收益的涌现、集群整体竞争力的涌现、新业态和新机制的涌现等方面。

(4) 笔者认为文化创意产业集群中存在着大量的企业竞合行

为，它是集群演化动力的重要来源。笔者在阐释集群企业创新竞合机理的基础上，运用演化博弈理论分析方法，构建了文化创意产业集群内企业创新战略竞合选择过程的演化博弈模型，并对策略的选择进行了演化动态稳定性分析，最后得出了竞合过程的演化结果主要受合作收益、合作成本以及采取合作创新策略成功的概率3个因素影响的结论。合作产生的额外收益越大，就会吸引越多的创意企业选择合作创新策略。具体解释如下：由于合作创新需要付出合作成本，创意企业自身创新能力又有大小之分，此外还存在着其他扰动合作创新成功的外部因素，因而只有合作创新的收益值足够大，才会对创意企业在选择创新战略时产生较大激励作用。创意企业为合作而付出的成本越小，其合作的障碍就越小，选择合作策略的概率就会越大。合作成本的大小直接与集群当地是否拥有完善的市场运作制度和有效的公共服务平台有关。而合作策略成功概率的大小是由各异质性的创意企业所拥有的创新能力以及合作的诚意决定的，即是由合作双方能否实现资源的互补及技术、产品等方面的协同效应决定的。通常具有较强创新能力和团队精神的创意企业更乐意与其他企业开展合作。

(5) 笔者构建了知识产权保护制度对文化创意企业创新行为激励效应的演化博弈模型。该模型在分析文化创意企业的创新行为时，将企业分为具有较强创新能力的企业和普通企业两类参与群体。基于有限理性的假设，在技术创新的初始阶段文化创意企业不可能准确地知道自己所处的利害状态，而是通过最有利的策略逐渐模仿下去，最终达到一种均衡状态。之后，笔者进行了演化动态稳定性分析，认为当 $C_1 > C_2$ 即创新力强的企业创新成本高于普通企业的模仿成本时，博弈的最优解为ESS(创新，模仿)；而当 $C_1 < C_2$ 即创新力强的企业创新成本低于普通企业的模仿成本时，博弈的最优解为ESS(创新，不模仿)。其含义为当该文化创意集群无完善的知识产权保护制度的保护或制度执行不力时，会诱使普通企业去模仿创新力强的企业创新成果，从而导致应由创新力

强的企业所得的一部分创新收益为普通企业所获得，使得创新力强的企业缺乏充足的创新原动力。反之，当一国政府制定并执行严格的知识产权保护机制时，普通企业想要通过模仿创新获取收益的代价高于其通过其他途径获得技术创新成果的成本，这时它们就会放弃模仿创新的道路，另辟蹊径，从而有效地保护了创新力强的企业的创新成果，激起其更加强烈的创新动力。可见，不同的制度环境对文化创意企业的创新行为有着截然不同的作用。也就是说，这种制度一方面鼓励文化创意企业重视知识产权保护，另一方面又加剧了文化创意企业技术创新的竞争，促使其提高创新效率，激励文化创意企业率先创新而获取知识产权保护，从而加速整个文化创意产业集群的技术创新行为。

(6) 笔者在研究国内外相关文献的基础上，以动漫产业为例证，结合动漫产业自身特征，提出了影响动漫产业基地发展的 5 个方面因素的假设。通过对上海张江文化科技创意产业基地和江苏常州动漫产业基地的实地调研，运用验证性因子分析方法对假设的影响因素模型进行修正，从而以实证数据构建出制度政策、社会文化、中介组织、企业创新以及企业网络环境 5 个维度的动漫创意产业集群演化发展影响因素模型。

(7) 在理论研究和实证研究的基础上，笔者根据前文所提出的影响文化创意产业集群发展的 5 个方面因素，构建了与此相对应的由制度政策、社会文化、中介组织、企业创新和企业网络环境 5 个方面所组成的政策建议体系。

8.2　研究展望

尽管对文化创意产业集群的关注与研究是当前各界关注的热点和焦点，但由于文化创意产业属于新兴产业且范围依然在不断延展，目前我国对文化创意产业的统计方法和指标尚未统一，政府统计年鉴也未涉及，因而对于全国各地文化创意产业集群发展的第一手数据资料便无从获取。这些都给笔者对文化创意产业集群发展的研究带来了不少障碍。另外，笔者自身知识积累以及实地调研能力方面也存在不足。因此，本书中依然存在着一些有待深入研究之处。

(1)当前国内外学术界对文化创意产业集群的研究较多的是案例研究，对文化创意产业集群发展过程进行系统研究的文献资料相对缺乏。本书也仅仅是从文化创意产业集群生命周期、发展机理的视角对其进行了初步的研究，对其发展过程的深度研究有待加强。由于当前对文化创意产业集群发展过程进行研究的全面系统的理论体系还未建立，对是否能从其他更多的视角去阐述文化创意产业集群发展的复杂过程，本书还未涉及。

(2)样本规模和数据质量使得研究数据存在局限。笔者选取上海张江和江苏常州作为实证调研对象是基于两地在动漫创意产业领域居于领先位置的考虑；但同时我国北京和湖南等地的动漫产业基地也处于全国前列，而笔者由于能力所限无法对这些地区进行面上的展开，实施大规模数据收集，这也导致笔者所收集到的有效样本数量总量偏少。

(3)集群发展的影响因素模型信度和效度存在局限。由于研究条件的限制，笔者很难获得成熟的测量量表和调查问卷的指标设计。探索性提出的影响因素的 5 个维度以及调查问卷指标的设计均是参照了国内外相关文献。从数据处理结果来看，尽管量表的信度和效度基本能满足要求，但其远未达到很好的程度，也就是说其信度和效度有待更多的研究进行检验。

笔者将从其他视角去思考和研究文化创意产业集群的发展过程，对集群发展的动力来源和影响因素进行更深入系统的研究；搜索并阅读更多国外关于文化创意产业集群发展的动力及影响因素的文献，完善量表结构，提高量表信度和效度；在对我国其他地区的动漫创意产业集群进行问卷调查的基础上，增加样本规模，构建集群发展影响因素的结构方程模型，进一步量化各维度影响因素对集群发展的影响程度。

附录 I

基于因子分析的我国各省市文化产业发展现状比较分析

（以《中国统计年鉴 2008》数据为例）

一、引言

随着国际金融危机对全球经济的影响，我国已将扩内需、保增长作为当前政府进行宏观调控的重要目标。充分发挥内需特别是消费需求拉动经济增长的主导作用已成为各级决策者的共识。文化产业的发展既可以拓展消费领域，也有利于丰富人们的精神文化生活；该产业本身所蕴含的可再生性和高附加值的特质又使得我国各地区都十分重视对其的培育和支持。根据国家统计局的初步测算①，2006 年我国文化产业实现增加值 5123 亿元人民币，比 2005 年增长 17.1%，高出同期 GDP 增长速度 6.4 个百分点，高出同期第三产业增长速度 6.8 个百分点；2006 年文化产业增加值占 GDP 的比重为 2.45%，比 2004 年增长 0.3%。2006 年我国文化产业从业人员达到 1132 万，文化产业从业人员占全部从业人员的比重为 1.48%，比 2004 年提高 0.16 个百分点。从以上数据可以看出文化产业在我国国民经济中的地位不断提高，整个产业呈现出

① 数据来源：北京经济信息网。

加速发展趋势。当前我国许多中心城市在其发展规划中已经将文化创意产业列为未来经济发展的支柱产业,并将发展高增长和高附加值的文化创意商品与服务作为地区经济结构调整和经济发展的驱动力。

二、实证分析

由于文化产业是一个处于不断发展中的朝阳产业,国内外当前都没有一个标准的指标体系来反映该产业的发展状况。鉴于文化产业涵盖范围的广泛性,同时考虑到相关指标数据的权威性,本书从《中国统计年鉴 2008》和《中国知识产权年鉴 2007》两部年鉴中摘选了反映我国 31 个省市文化产业发展状况的 14 个指标数据(见表 1),对我国各省市文化产业的综合发展实力进行比较分析。

表 1　文化产业综合发展实力指标列表

变量	指标名称
X_1	艺术表演团体数/个
X_2	艺术表演场馆数/个
X_3	文化馆和群艺馆数/个
X_4	公共图书馆数/个
X_5	博物馆数/个
X_6	图书发行数/种
X_7	期刊发行数/种
X_8	报纸发行数/种
X_9	数码激光视盘发行数/种
X_{10}	激光唱盘发行数/种
X_{11}	专利申请受理数/项
X_{12}	专利授权数/项
X_{13}	版权引进数/种
X_{14}	版权输出数/种

采用 SPSS13.0 统计软件对我国 31 个省市上述 14 个指标的年鉴数据进行处理。通过因子分析,对原有数据进行简化,提取出

较少的能反映出原有总体信息的几个公共因子，从而能准确有效地对各省市文化产业发展状况作出综合评判。

为了验证因子分析的显著性程度，本书采用 KMO 检验和 Bartlett 球体检验，结果显示在表 2 中。从表 2 中可以看出 KMO 的值为 0.685，通常认为若 KMO 值大于 0.6，则说明观测变量适合进行因子分析。同样 Bartlett 球体检验值也符合要求，其结果在 $P=0.000$的水平上显著，综合两者可以看出观测变量适合作因子分析。

表 2 KMO 值和 Bartlett 球体检验

Kaiser-Meyer-Olkin Measure of Sampling Adequacy		0.685
Bartlett's Test of Sphericity	Approx. Chi-Square	534.256
	df	91
	Sig	0.000

经过 SPSS 软件运算，从表 3 中可以看出，当因子数为 4 个时，因子方差累计贡献率已经达到 85%，因而可以认为这 4 个公因子反映了原指标信息的 85.845%，可以作为反映我国各省市文化产业发展综合实力的指标。

表 3 因子方差贡献率

因子	最初的提取值			旋转后的提取值		
	特征值	贡献率/%	累计贡献率/%	特征值	贡献率/%	累计贡献率/%
1	6.305	45.036	45.036	4.225	30.176	30.176
2	3.072	21.941	66.977	2.990	21.355	51.530
3	1.536	10.974	77.951	2.756	19.682	71.213
4	1.105	7.893	85.845	2.048	14.632	85.845

采用方差最大化正交旋转法，以正交旋转后的因子载荷取代初始因子载荷，从而简化因子载荷阵的结构；也就是使得每个观测变量仅在一个公共因子上有较大载荷，而在其他因子上载荷较小，

以便更清楚地反映出公共因子所表达的意义。正交旋转后的因子载荷在表 4 中列示。

表 4　正交旋转后的因子载荷

变量	因子			
	1	2	3	4
艺术表演团体数	−0.071	0.293	0.818	−0.038
艺术表演场馆数	0.407	0.282	0.769	−0.026
文化馆和群艺馆数	−0.023	0.945	0.176	−0.183
公共图书馆数	0.036	0.943	0.141	−0.164
博物馆数	0.252	0.578	0.530	−0.026
图书发行数	0.899	0.039	0.159	0.136
期刊发行数	0.867	0.321	0.130	0.040
报纸发行数	0.500	0.692	0.286	−0.043
数码激光视盘发行数	0.812	0.215	0.156	0.028
激光唱盘发行数	0.890	−0.168	0.172	0.003
专利申请受理数	0.619	0.056	0.667	0.132
专利授权数	0.576	0.044	0.735	0.107
版权引进数	0.071	−0.164	0.025	0.982
版权输出数	0.083	−0.136	0.010	0.985

从表 4 中可以看出，变量 X_6、X_7、X_9 和 X_{10} 在第一因子上载荷较高，反映出文化产业中书刊出版业和激光视听产品的发展状况，因此称之为书刊出版和视听文化因子；变量 X_3、X_4、X_5 和 X_8 在第二因子上有着较高的载荷，可称之为传统公共文化因子；在第三因子上载荷较高的是变量 X_1、X_2、X_{11} 和 X_{12}，称之为艺术和科技文化因子；而在第四因子上载荷较高的是变量 X_{13} 和 X_{14}，称之为版权文化因子。因子得分及综合排名情况见表 5。

表 5　因子得分及综合排名表

省市	第一因子	第二因子	第三因子	第四因子	综合	
					综合评价分 F	排名
北京	−0.40632	−0.68719	0.09021	5.31433	0.101044	9
天津	0.03656	−1.51845	−0.34561	−0.44245	−0.39102	24
河北	−0.50744	1.35537	−0.15087	−0.01118	0.052343	13
山西	−0.62403	0.77672	−0.10113	−0.12458	−0.13103	18
内蒙古	−0.50052	0.35644	−0.49621	−0.21067	−0.21825	22
辽宁	1.05799	1.01522	−1.20838	0.07287	0.572352	5
吉林	0.10839	−0.49788	−0.54644	−0.29777	−0.14469	20
黑龙江	−0.0515	0.75432	−0.70208	−0.07355	0.059663	12
上海	4.0638	−1.52522	−0.53659	0.02475	1.436117	1
江苏	1.53395	0.21499	0.67247	0.04579	0.81521	3
浙江	−0.24532	−0.57688	3.09663	−0.23553	0.084479	11
安徽	−1.17528	−0.15642	1.5751	−0.14823	−0.40189	25
福建	−0.36983	−0.13446	0.17408	−0.25633	−0.19736	21
江西	−0.39222	0.33273	−0.18689	−0.06468	−0.12903	17
山东	0.79461	1.01582	0.13641	−0.07762	0.58985	4
河南	−0.78705	1.33014	1.52094	−0.09532	0.098136	10
湖北	0.55199	0.79823	−0.49928	0.01317	0.370139	7
湖南	0.45861	0.76797	−0.64489	−0.00401	0.304069	8
广东	1.46995	0.28394	2.97226	−0.29379	1.02739	2
广西	−0.13498	0.35318	−0.61637	−0.07332	−0.05671	16
海南	−0.66483	−1.73651	−0.13083	−0.44379	−0.7311	29
重庆	−0.2365	−1.25587	−0.23601	−0.3198	−0.43426	26
四川	0.20058	1.6341	−0.25158	−0.01865	0.420597	6
贵州	−0.60301	−0.33041	−0.72916	−0.30429	−0.4486	27
云南	−0.49571	0.74606	−0.64431	−0.11028	−0.13863	19
西藏	−0.74734	−1.69407	−0.31154	−0.49674	−0.78301	30
陕西	−0.12249	0.43267	−0.0066	−0.10921	0.030604	14
甘肃	−0.6075	0.21237	−0.40994	−0.19553	−0.28739	23
青海	−0.7387	−1.13584	−0.49792	−0.40508	−0.66948	28
宁夏	−0.78463	−1.73908	−0.19843	−0.50756	−0.79811	31
新疆	−0.08123	0.60802	−0.78704	−0.15096	−0.00144	15

从表5中可以看出，第一因子得分前5名的省市是上海、江苏、广东、辽宁和山东；上海以4.0638的得分高居各省市之首，表明上海市在文化产业中的书刊出版和视听产品领域拥有无可比拟的优势；江苏和广东等省在该领域也位居全国前列。第二因子为传统公共文化因子，得分排在前5位的省份是四川、河北、河南、山东和辽宁，该因子主要反映文化产业中公共文化资源的发展状况。第三因子得分排名在前5位的省份是浙江、广东、安徽、河南以及江苏。第四因子得分排名在前5位的是北京、辽宁、江苏、上海和湖北，该因子反映的是文化产业中版权产品进出口的发展现状。从得分看，北京市的版权产品进出口居全国之首，而其后的4个省份则以微弱优势排在其他省份之前；该因子得分反映出北京市因拥有众多高校和科研机构而形成的生产制作版权产品的实力。

从表5综合得分及排名中可以看出，排名在前10位的省市是上海、广东、江苏、山东、辽宁、四川、湖北、湖南、北京和河南；排名较为落后的省份是贵州、青海、海南、西藏以及宁夏。从表5中不难看出，我国经济较为发达的上海、广东、江苏、山东等省市的文化产业发展也处于全国前列，总体呈现出东部沿海地区文化产业发展较快、中部地区次之、西部省份文化产业发展较为滞后的局面。

附录Ⅱ

关于动漫产业集群发展影响因素的调查问卷

尊敬的先生/女士，您好！

我是江苏大学工商管理学院的博士研究生，正在做创意产业集群发展影响因素的研究，需要对贵公司和基地其他企业进行调研，希望能得到您的大力支持，不胜感谢！

本问卷采用无记名方式填写，调查结果不涉及任何商业用途，完全用于学术研究，保证对您填写的信息保密。本问卷采用5级量表法，分别表示程度的深浅，依次表示从非常赞同向非常不赞同过渡。请在该选项的方框内打上“√”。谢谢您的配合！

第一部分：基本情况

贵公司所从事的主营业务是____________________

贵公司已成立时间在

□1年以下　□1～3年　□3～5年　□5年以上

贵公司拥有员工人数

□10人以下　□10～20人　□20～50人　□50～100人

□100人以上

贵公司去年的营业额

□10 万元以下 □10 万～50 万元 □50 万～100 万元
□100 万～200 万元 □200 万元以上

您的学历： 您所从事的主要工作：

第二部分:问卷内容

	非常赞同	赞同	一般	不赞同	非常不赞同
1. 当前国内外市场对动漫产品的需求越来越强烈	□	□	□	□	□
2. 当前动漫产业市场竞争激烈	□	□	□	□	□
3. 贵公司参与国际市场竞争与合作并取得了良好业绩	□	□	□	□	□
4. 知识产权保护制度对贵公司业务发展十分重要	□	□	□	□	□
5. 动漫基地内竞争企业对动漫作品有抄袭现象	□	□	□	□	□
6. 贵公司能很方便地获得企业发展所需资金	□	□	□	□	□
7. 风险投资这种融资方式对贵公司发展很重要	□	□	□	□	□
8. 当地政府制定的一系列有关动漫产业发展政策对企业经营很有效果	□	□	□	□	□
9. 政府能为动漫基地提供发展所需要的基础硬件设施（例如:企业所在地良好的交通以及便利的通信设施）	□	□	□	□	□
10. 当地政府对动漫基地内的企业实行税收减免政策并在资金上提供必要帮助	□	□	□	□	□
11. 当地政府在市场管理和维护市场秩序方面起着重要作用	□	□	□	□	□
12. 当地高校能满足贵公司对人才的需求	□	□	□	□	□
13. 贵公司寻求技术设计人员比较容易	□	□	□	□	□
14. 贵公司有为数不少的员工想今后自己创立动漫制作企业	□	□	□	□	□

15. 贵公司能激励员工创业，并能宽容员工创业失败 □ □ □ □ □
16. 当地有着浓厚的文化氛围并能为创作设计人员带来创作灵感 □ □ □ □ □
17. 贵公司经常为企业研发设计人员创造学习专门技能的机会 □ □ □ □ □
18. 贵公司对从外界获取的新知识和技术创新成果能快速地加以理解和吸收 □ □ □ □ □
19. 贵公司的员工经常能在经营管理或技术上进行创新 □ □ □ □ □
20. 贵公司与其他企业经常开展相互学习以及正式或非正式的经验技术交流 □ □ □ □ □
21. 贵公司员工能与动漫基地其他企业的员工在工作之余经常聚在一起探讨技术问题或交流信息 □ □ □ □ □
22. 贵公司经常能从其他企业或相关机构获得新的设计方案或是经营管理经验 □ □ □ □ □
23. 与竞争企业在技术研发过程中进行某种程度的合作会使企业获得好处 □ □ □ □ □
24. 贵公司对经营上的合作伙伴持信任态度 □ □ □ □ □
25. 常州动漫基地内建立的公共服务平台为贵公司提供了较大帮助 □ □ □ □ □
26. 当地的中介服务机构在贵公司的成长发展中扮演着极为重要的角色（如为企业提供了有价值的商业或技术信息） □ □ □ □ □
27. 贵公司经常会受益于当地高校或科研机构开展的各类活动 □ □ □ □ □
28. 贵公司的员工能经常从当地相关机构获得专业培训 □ □ □ □ □
29. 请您选出对近几年本动漫产业基地快速发展产生主要影响的因素（如有未列出的因素，烦请您能写出）。

A. 政策扶持　　B. 资金扶持　　C. 人才引进
D. 公共服务平台建设　　E. 动漫产品的外部需求旺盛
F. 良好的创新环境　　G. 企业研发能力不断增强

____

____

____

____

30. 请您选出阻碍本动漫产业基地快速发展的因素(如有未列出的因素,烦请您能写出)。

A. 产业政策不完善　　B. 资金扶持不到位

C. 动漫专业人才缺乏　　D. 企业研发能力薄弱

E. 企业内部缺乏激励机制　　F. 缺少严格的知识产权保护制度

____

____

____

____

附录Ⅲ

北京市文化创意产业分类标准

一、目的和作用

（一）为贯彻落实北京市“十一五”规划目标要求，大力发展文化创意产业，建立科学、系统、可行的北京市文化创意产业统计，特制定本分类标准。

（二）本分类标准为北京市文化创意产业规划和发展提供参考与借鉴，为文化创意产业统计监测和评价提供科学、统一的范围与定义。

二、范围

（一）本分类标准在《国民经济行业分类》(GB/T 4754－2002)的基础上，规定了我市文化创意产业的范围，适用于统计及政策管理中对文化创意相关活动的分类。

（二）本分类标准规定的文化创意产业是指以创作、创造、创新为根本手段，以文化内容和创意成果为核心价值，以知识产权实现或消费为交易特征，为社会公众提供文化体验的具有内在联系的行业集群。

（三）文化创意产业主要包括：

1. 文化艺术
2. 新闻出版
3. 广播、电视、电影
4. 软件、网络及计算机服务
5. 广告会展
6. 艺术品交易
7. 设计服务
8. 旅游、休闲娱乐
9. 其他辅助服务

三、分类原则

（一）以国家的方针政策和我市的相关文件为指导

本分类标准以国家关于文化产业的方针政策，市委、市政府关于发展文化创意产业的决策精神为指导原则。

（二）以《国民经济行业分类》为基础

本分类标准的主要内容来源于《国民经济行业分类》，它是根据文化创意活动的特点对行业分类中相关的类别重新进行的组合。所以，本分类也是《国民经济行业分类》的派生分类。

（三）与国内外相关标准相衔接

本分类标准借鉴国内外文化创意及相关产业分类标准，在范围上涵盖了国内外文化创意及相关产业中的主体行业。

（四）兼顾部门管理和文化创意活动的自身特性

本分类标准立足我市产业发展实际，围绕我市文化创意产业发展的重点内容和方向，兼顾了政府部门管理需要，同时考虑了文化创意活动的自身特点。

四、分类方法

（一）依据分类原则，将文化创意产业划分为3层。

第一层根据部门管理需要和文化创意活动的特点分为9个大类，用汉字数字一、二……表示。

第二层依照产业链和上下层分类的关系分为27个中类，用阿拉伯数字表示。

第三层共有88个小类，是第三层所包括的行业类别层，也是文化创意产业的具体活动类别。该层不设顺序号，在右侧设置代码，为对应的"国民经济行业代码"。

（二）为了科学、完整、准确地反映分类的文化创意活动，本分类标准对部分内容作了特殊处理：

1. 在第二层部分中类下设置了过渡层，用带括弧的阿拉伯数字表示。

2. 在第三层部分小类（行业类别）下设置了延伸层，延伸层不设代码和顺序号，在相应的类别前用横线"—"表示。

3. 第三层有部分小类（行业类别）的活动不是纯的文化创意活动，在相应的类别后用星号"*"表示。本文附件对这些行业中的文化创意活动做了进一步解释。

五、北京市文化创意产业分类表(见表1)

表1　北京市文化创意产业分类表

类别名称	国民经济行业代码
一、文化艺术	
1. 文艺创作、表演及演出场所	
文艺创作与表演	9010
—文艺创作服务	

续表

类别名称	国民经济行业代码
—文艺表演服务	
—其他文艺服务	
艺术表演场馆	9020
2. 文化保护和文化设施服务	
文物及文化保护	9040
—文物保护服务	
—民族民俗文化遗产保护服务	
博物馆	9050
纪念馆	9060
图书馆	9031
档案馆	9032
3. 群众文化服务	
群众文化服务	9070
—群众文化场馆	
—其他群众文化活动	
其他文化艺术	9090
4. 文化研究与文化社团服务	
社会人文科学研究与试验发展	7550
专业性团体*	9621
—文化社会团体	
5. 文化艺术代理服务	
文化艺术经纪代理	9080
二、新闻出版	
1. 新闻服务	
新闻业	8810
2. 书、报、刊出版发行	
(1) 书、报、刊出版	
图书出版	8821
报纸出版	8822
期刊出版	8823
其他出版	8829

续表

类别名称	国民经济行业代码
(2) 书、报、刊制作	
书、报、刊印刷	2311
包装装潢及其他印刷 *	2319
(3) 书、报、刊发行	
图书批发	6343
图书零售	6543
报刊批发	6344
报刊零售	6544
3. 音像及电子出版物出版发行	
(1) 音像制品出版和制作	
音像制品出版	8824
音像制作	8940
(2) 电子出版物出版和制作	
电子出版物出版	8825
—电子出版物出版	
—电子出版物制作	
(3) 音像及电子出版物复制	
记录媒介的复制 *	2330
—音像制品复制	
—电子出版物复制	
(4) 音像及电子出版物发行	
音像制品及电子出版物批发	6345
音像制品及电子出版物零售	6545
4. 图书及音像制品出租	
图书及音像制品出租	7321
三、广播、电视、电影	
1. 广播、电视服务	
广播	8910
—广播电台	
—其他广播服务	
电视	8920
—电视台	

续表

类别名称	国民经济行业代码
—其他电视服务	
2. 广播、电视传输	
有线广播电视传输服务	6031
—有线广播、电视传输网络服务	
—有线广播、电视接收	
无线广播电视传输服务	6032
—无线广播、电视发射台、转播台	
—无线广播、电视接收	
卫星传输服务 *	6040
3. 电影服务	
电影制作与发行	8931
—电影制片厂服务	
—电影制作	
—电影院线发行	
—其他电影发行	
电影放映	8932
—电影院、影剧院	
—其他电影放映	
四、软件、网络及计算机服务	
1. 软件服务	
基础软件服务	6211
应用软件服务 *	6212
其他软件服务	6290
2. 网络服务	
其他电信服务	6019
互联网信息服务	6020
—互联网新闻服务	
—互联网出版服务	
—互联网电子公告服务	
—其他互联网信息服务	
3. 计算机服务	
计算机系统服务	6110

续表

类别名称	国民经济行业代码
其他计算机服务	6190
五、广告会展	
1. 广告服务	
广告业	7440
2. 会展服务	
会议及展览服务	7491
六、艺术品交易	
1. 艺术品拍卖服务	
贸易经纪与代理 *	6380
—艺术品、收藏品拍卖服务	
2. 工艺品销售	
首饰、工艺品及收藏品批发	6346
工艺美术品及收藏品零售	6547
七、设计服务	
1. 建筑设计	
工程勘察设计 *	7672
2. 城市规划	
规划管理	7673
3. 其他设计	
其他专业技术服务	7690
八、旅游、休闲娱乐	
1. 旅游服务	
旅行社	7480
风景名胜区管理	8131
公园管理	8132
其他游览景区管理	8139
城市绿化管理	8120
野生动植物保护 *	8012
—动物观赏服务	
—植物观赏服务	
2. 休闲娱乐服务	
摄影扩印服务	8280

续表

类别名称	国民经济行业代码
室内娱乐活动	9210
游乐园	9220
休闲健身娱乐活动	9230
其他娱乐活动	9290
九、其他辅助服务	
1. 文化用品、设备及相关文化产品的生产	
(1) 文化用品生产	
文化用品制造	241
乐器制造	243
玩具制造	2440
游艺器材及娱乐用品制造	245
机制纸及纸板制造 *	2221
手工纸制造 *	2222
信息化学品制造 *	2665
照相机及器材制造	4153
(2) 文化设备生产	
印刷专用设备制造	3642
广播电视设备制造	403
电影机械制造	4151
家用视听设备制造	407
复印和胶印设备制造	4154
其他文化、办公用机械制造 *	4159
(3) 相关文化产品生产	
工艺美术品制造	421
2. 文化用品、设备及相关文化产品的销售	
(1) 文化用品销售	
文具用品批发	6341
文具用品零售	6541
其他文化用品批发	6349
其他文化用品零售	6549
(2) 文化设备销售	
通讯及广播电视设备批发 *	6376

续表

类别名称	国民经济行业代码
照相器材零售	6548
家用电器批发 *	6374
家用电器零售 *	6571
3. 文化商务服务	
知识产权服务	7450
其他未列明的商务服务 *	7499
—模特服务	
—演员、艺术家经纪代理服务	
—文化活动组织、策划服务	

注：1. “ * ”表示该行业类别仅有部分活动属于文化创意产业。

2. 类别前加横线“—”表示行业小类的延伸层。

附件：含有部分文化创意活动的行业类别(见表2)

表2 含有部分文化创意活动的行业类别

包装装潢及其他印刷	**包括的文化创意活动：** 邮票、明信片及其他集邮品的印刷，广告宣传品印刷，扑克纸牌等文化产品的印刷。 **不包括：** 商标印刷，票证印刷，其他与文化创意无关的印刷。
记录媒介的复制	**包括的文化创意活动：** (1) 音像制品的复制：磁带的复制、录像带的复制、光盘的复制； (2) 电子出版物的复制：软盘的复制、光盘的复制； (3) 其他与文化有关的记录媒介复制。 **不包括：** 数据的复制，与文化创意无直接关系的软件复制，与文化创意无直接关系的资料复制。

续表

卫星传输服务	**包括的文化创意活动：** (1) 卫星广播传播服务：卫星广播传输、直播、覆盖服务，卫星广播接收服务、卫星广播监测服务。 (2) 卫星电视传播服务：卫星电视传输、直播、覆盖服务，卫星电视接收服务、卫星电视监测服务。 **不包括：** 电信卫星传播服务。
专业性社会团体	**包括的文化创意活动：** 文化社会团体服务：与作家有关的社会团体服务，与记者有关的社会团体服务，与艺术家有关的社会团体服务，与演员有关的社会团体服务，与出版有关的社会团体服务，与音像制品有关的社会团体服务，与历史、考古有关的社会团体服务，其他与文化有关的社会团体服务。 **不包括：** 学术性社会团体服务，专业技术社会团体服务，卫生社会团体服务，体育社会团体服务，环境保护社会团体服务，其他与文化创意无直接关系的专业性社会团体服务。
野生动植物保护	**包括的文化创意活动：** 植物园保护管理活动，动物园管理活动，放养动物园管理活动，鸟类动物园管理活动，海洋馆、水族馆管理活动，其他动物观赏保护活动。 **不包括：** 动物保护专业机构服务，野生植物保护服务，其他野生动植物保护服务。
其他未列明的商务服务	**包括的文化创意活动：** (1) 模特服务：各种服装模特公司的活动，各种影视广告模特活动，各种艺术模特活动，其他模特活动； (2) 演员、艺术家经纪代理：演员挑选活动，推荐经纪人活动，艺术家、作家经纪人活动，演员、模特经纪人活动；

续表

	(3) 大型活动文化商务服务:文艺晚会策划、组织活动,运动会策划、组织活动,大型庆典策划、组织活动,艺术、模特大赛策划、组织活动,艺术节、电影节等策划、组织活动,展览、博览会策划、组织活动,民族、民俗活动策划、组织服务,其他大型活动文化商务服务; (4) 票务服务:文艺演出票务服务,展览、博览会票务服务,其他票务服务。 **不包括:** 企业中介代理服务,企业活动礼仪服务,企业形象宣传代理服务,代收代缴欠款服务,其他企业商务服务。
贸易经纪与代理	**包括的文化创意活动:** 文物、古董拍卖活动,艺术品拍卖活动,其他文化物品拍卖活动。 **不包括:** 大宗非文化产品的拍卖活动,行政、司法拍卖活动,其他非文化产品的拍卖活动。
机制纸及纸板制造	**包括的文化创意活动:** 新闻纸制造,其他印刷和绘图纸制造,书写纸制造。 **不包括:** 卫生纸制造,包装用纸制造,瓦楞纸及瓦楞纸板制造,其他非文化用纸和纸板制造。
手工纸制造	**包括的文化创意活动:** 各种文化纸制造,各种宣纸制造,各种国画纸制造。 **不包括:** 其他非文化用手工纸制造。

续表

信息化学品制造	**包括的文化创意活动:** 电影胶片制造,摄影胶卷制造,感光纸制造,摄影用化学制剂制造,空白录音带制造,空白录像带制造,空白磁盘制造,空白光盘制造,空白唱片制造,其他各种与文化有关的信息化学品制造。 **不包括:** 电子半导体材料制造,其他与文化创意无直接关系的信息化学品制造。
其他文化、办公用机械制造	**包括的文化创意活动:** 纸张打孔机制造,削铅笔机制造,其他与文化有关的机械制造。 **不包括:** 票券打孔机制造,其他与文化创意无关的机械制造。
通讯及广播电视设备批发	**包括的文化创意活动:** 广播设备批发,专用电视设备批发,电影设备批发,广播电视卫星传输设备批发。 **不包括:** 通讯设备批发。
家用电器批发	**包括的文化创意活动:** 家用电视机批发,家用摄像、放像设备批发,家用录音、收音及音响设备批发。 **不包括:** 与家用视听电器设备无关的家用电器批发。
家用电器零售	**包括的文化创意活动:** 各种家用影视设备零售,各种家用音响设备零售。 **不包括:** 与家用视听电器设备无关的家用电器零售。
工程勘察设计	**包括的文化创意活动:** 室内装饰工程设计,住宅小区规划设计,风景园林工程设计。 **不包括:** 水利及水电工程的勘察设计,铁路工程的勘察设计,矿山工程的勘察设计等其他与文化创意不相关的工程勘察设计。

参考文献

[1] 厉无畏:《创意改变中国》,新华出版社,2009 年。

[2] 李蕾蕾:《文化创意产业集群的概念误区与研究趋势》,《深圳大学学报》,2009 年第 4 期。

[3] [英]马歇尔:《经济学原理》,彭逸林,等译,商务印书馆,1997 年。

[4] [德]阿尔弗雷德·韦伯:《工业区位论》,李刚剑,等译,商务印书馆,1997 年。

[5] Krugman P. Increasing returns and economic geography. Journal of Politic Economy,1991,99.

[6] [美] 迈克尔·波特:《国家竞争优势》,李明轩,等译,华夏出版社,2002 年。

[7] Doeringer P B, Terkla D G. Why do industries cluster. In Staber U H, Schaefer N V, Sharma B. Business networks: prospects for regional development. Walter de Gruyter, 1995.

[8] 王缉慈,童昕:《简论我国地方企业集群的研究意义》,《经济地理》,2001 年第 5 期。

[9] 魏后凯:《对产业集聚与竞争力的考察》,《经济管理(新管理)》,2003 年第 6 期。

[10] 仇保兴:《小企业集群研究》,复旦大学出版社,1999 年。

[11] 叶建亮:《知识溢出与企业集群》,《经济科学》,2001 年第 3 期。
[12] 符正平:《论企业集群的产生条件与形成机制》,《中国工业经济》,2002 年第 10 期。
[13] 金祥荣,朱希伟:《专业化产业区的起源与演化——一个历史与理论视角的考察》,《经济研究》,2002 年第 8 期。
[14] 许庆瑞,毛凯军:《试论企业集群形成的条件》,《科研管理》,2003 年第 1 期。
[15] 惠宁:《分工深化促使产业集群成长的机理研究》,《经济学家》,2006 年第 1 期。
[16] [美] 约瑟夫·熊彼特:《经济发展理论》,何畏,等译,商务印书馆,1997 年。
[17] Freeman C. Network of innovators: a synthesis of research issues. Research Policy,1991,27.
[18] Baptist R, Swann P. Do firms in clusters innovate more. Research Policy, 1998,27.
[19] 杨春河:《现代物流产业集群形成和演进模式研究》,北京交通大学博士学位论文,2008 年。
[20] 王缉慈:《创新的空间——企业集群与区域发展》,北京大学出版社,2001 年。
[21] 王珺:《企业簇群的创新过程研究》,《管理世界》,2002 年第 10 期。
[22] [英]霍奇逊:《演化与制度——论演化经济学和经济学的演化》,任荣华,等译,中国人民大学出版社,2007 年。
[23] [美]理查德·R·纳尔逊,[美]悉尼·G·温特:《经济变迁的演化理论》,胡世凯译,商务印书馆,1997 年。
[24] 盛昭翰,蒋德鹏:《演化经济学》,上海三联书店,2002 年。
[25] 戴卫明,肖光华:《产业集群的发展轨迹分析》,《湖南科技学院学报》,2005 年第 1 期。

[26] 郭利平:《产业集群成长的自组织和演化经济学分析》,《企业经济》,2007 年第 6 期。

[27] 程胜,张俊飚:《产业集群动态演化过程的稳态和混沌分析》,《学术月刊》,2007 年第 10 期。

[28] 解学梅,隋映辉:《科技产业集群持续创新的周期演化机理研究》,《科研管理》,2008 年第 1 期。

[29] Bergman E M. Cluster life-cycles: an emerging synthesis. Published online by epub. 2007. http://epub. wu-wien. ac. at.

[30] Pouder R, ST,John C H. Hot spots and blind spots: geographical clusters of firms and innovation. Academy of Management Review,1996,21(4).

[31] 池仁勇,等:《产业集群发展阶段理论研究》,《软科学》,2005 年第 5 期。

[32] 魏守华:《产业集群的动态研究以及实证分析》,《世界地理研究》,2002 年第 3 期。

[33] 盖文启:《创新网络:区域经济发展新思维》,北京大学出版社,2002 年。

[34] 陶永宏,冯俊文,陈军:《产业集群生命周期的定性描述研究》,《集团经济研究》,2005 年第 10 期。

[35] Mommaas H. Cultural creative cluster perspectives: European experiences. Paper presented to the cultural creative spaces conference. Beijing,19 to 21 October,2006.

[36] Pratt A. Creative clusters: towards the governance of the creative industries production system? Media International Australia:Culture and Policy,2004,112.

[37] Vossman L. How many artists does it take to build a downtown? Long Beach looks to its arts district for help. Planning 68 (6, June),2002.

[38] Power D, Scott A. Cultural industries and the production of culture. Roultledge, 2004.

[39] Pumhiran N. Reflection on the disposition of creative millieu and its implications for cultural clustering strategies, 41st ISoCaRP Congress.

[40] Caves R. Creative industries: contracts between art and commerce . Harvard University Press, 2002.

[41] Stern M J, Seifert S C. Cultural clusters: the implications of cultural assets agglomeration for neighborhood revitalization. Journal of Planning Education and Research, 2010, 29(3).

[42] Cohen L. A consumers' republic: the politics of mass consumption in postwar America. Knopf, 2003.

[43] Nachum L, Keeble D. Neo-marshallian nodes, global networks and firm competitiveness: the media cluster of central London. ESRC Center For Business Research, University of Cambridge, Working Paper, No. 138.

[44] Galina G, Paul C. Media cluster in London, 2004. Cahiers De L'IaurifN 135.

[45] Keith B, Griffiths R, Smith I. Cultural industries, cultural clusters and the city: the example of the natural history film-making in Bristol. Geoforum 33, 2002.

[46] Montgomery J. Cultural quarters as mechanisms for urban regeneration. Part Ⅱ: a review of four cultural quarters in the UK, Ireland and Australia. Planning, Practice & Research, 2004, 19(1).

[47] Evans G. Measure for measure: evaluating the evidence of culture's contribution to regeneration. Urban Studies, 2005, 42(5/6).

[48] Scott A. The craft, fashion, and cultural-products industries of Los Angeles:competitive dynamics and policy dilemmas in a multi-sectoral image-producing complex. Annals of the Association of American Geographers,1996,86(2).

[49] Grabher G. Cool projects,boring institutes: temporary collaboration in social context. Regional Studies,2002,36(3).

[50] Grabher G. Temporary architectures of learning: knowledge governance in project ecologies. Organizational Studies, 2004,25(9).

[51] Scott A. The cultural economy of cities. International Journal of Urban and Regional Research,1997,21.

[52] Fleming L,Marx M. Managing creativity in small worlds. California Management Review, 2006.

[53] Molotch H. LA as design product:how art works in a regional economy. In Scott A J, Soja E. The city:Los Angeles and urban theory at the end of the twentieth century,University of California Press,1996.

[54] Brown A,O'Connor J, Cohen S. Local music policies within a global music industry:cultural quarters in Manchester and Sheffield. Geoforum,2000,31.

[55] Walcott S. Analyzing an innovatives environment:San Diego as a Bioscience Beachhead. Economy Development Quarterly,2002,16(2).

[56] Scott A:《创意城市:概念问题和政策审视》,汤茂林译,《现代城市研究》,2007年第2期。

[57] Scott A. Enterpreneurship,innovation and industrial development:geography and the creative field revisited. Small Business Economics,2006,26.

[58] Charles L. The creative city. Earthscan Publication Ltd,2000.

[59] Zukin S. Loft living: culture and capital in urban change. Rutgers University Press,1989.

[60] Florida R. The rise of the creative class:and how it's transforming working,leisure,community and everyday life. Basic Books,2002.

[61] Peck J. Struggling with the creative class. International Journal of Urban and Regional Research,2005,19(4).

[62] Scott A. On Hollywood: the place, the industry. Princeton University Press,2005.

[63] Hall P. Creative cities and economic development. Urban Studies, 2000,37(4).

[64] Landry C. The creative city. Earthscan Publications Ltd,2000.

[65] Landry C. The art of city making. Earthscan Publications Ltd,2006.

[66] Gertler M. Creative cities:what are they for,how do they work,and how do we build them? Canadian Policy Research Networks(CPRN),2004.

[67] Mitchell W. E-Topia. MIT Press,1999.

[68] Hutton T. Reconstructed production landscapes in the postmodern city:applied design and creative services in the metropolitan core. Urban Geography,2000,21(4).

[69] 陈倩倩,王缉慈:《论创意产业及其集群的发展环境——以音乐产业为例》,《地域研究与开发》,2005 年第 5 期。

[70] 李蕾蕾,彭素英:《文化与创意产业集群的研究谱系和前沿:走向文化生态隐喻》,《人文地理》,2008 年第 2 期。

[71] 刘丽,张焕波:《北京文化创意产业集群发展问题研究》,《中国农业大学学报(社会科学版)》,2006 年第 3 期。

[72] 花建:《产业丛与知识源——论文化创意产业集聚区的内在规

律和发展动力》,《上海财经大学学报》,2007 年第 4 期。
[73] 厉无畏:《创意产业导论》,学林出版社,2006 年。
[74] 陈祝平,黄艳麟:《创意产业积聚区的形成机理》,《国际商务研究》,2006 年第 4 期。
[75] 王伟年,张平宇:《城市文化产业园区建设的区域因素分析》,《人文地理》,2006 年第 1 期。
[76] 熊凌:《香港创意产业的发展及经验》,《发展研究》,2004 年第 3 期。
[77] Adorno T, Horkhemier M. Dialectic of enlightenment. New Left Books,1979.
[78] 高宏宇:《文化及创意产业与城市发展——以上海为例》,同济大学博士学位论文,2007 年。
[79] 孙启明:《文化创意产业的形成与历史沿革——文化创意产业前沿》,中国传媒大学出版社,2008 年。
[80] 胡惠林:《文化产业发展与国家文化安全——全球化背景下中国文化产业发展问题思考》,《文化产业的发展和管理》,学林出版社,2001 年。
[81] 张曾芳,张龙平:《论文化产业及其运作规律》,《中国社会科学》,2002 年第 2 期。
[82] 花建:《上海文化产业的发展趋势和政策导向》,《毛泽东邓小平理论研究》,1998 年第 4 期。
[83] 沈山:《文化产业的内涵及其政策发展趋势》,《社会科学家》,2005 年第 3 期。
[84] 马海霞:《文化经济论与文化产业研究综述》,《思想战线》,2007 年第 5 期。
[85] 金元浦:《认识文化创意产业》,《中华文化画报》,2007 年第 1 期。
[86] Creative Economy Report 2008. UNCTAD,2008.
[87] DCMS. Creative industries mapping document. London, De-

partment of Culture, Media and Sports, 2001.
[88] [英]霍金斯:《创意经济》,洪庆福,等译,上海三联书店,2006 年。
[89] 王缉慈:《文化创意产业形成有其自身发展规律》,《中国高新区》,2008 年第 3 期。
[90] 荣跃明:《超越文化产业:创意产业的本质与特征》,《毛泽东邓小平理论研究》,2004 年第 5 期。
[91] 金元浦:《文化创意产业的多种概念辨析》,《同济大学学报(社会科学版)》,2009 年第 1 期。
[92] 张晓明:《创意产业在中国的前景》,《投资北京》, 2005 年第 8 期。
[93] 邓晓辉:《新工艺经济时代的文化创意产业研究》,复旦大学博士学位论文, 2006 年。
[94] 李世忠:《文化创意产业相关概念辨析》,《兰州学刊》,2008 年第 8 期。
[95] 牛维麟:《国际文化创意产业园区发展研究报告》,中国人民大学出版社,2007 年。
[96] 张梅:《版权产业与版权保护》,《知识产权》,2006 年第 3 期。
[97] European Commission. Info2000 (4-year Work Program 1996—1999), 1996.
[98] 马双:《文化产业 内容产业 创意产业》,《新疆艺术学院学报》,2007 年第 1 期。
[99] 李晓玲,李会明:《内容产业的产生及其影响》,《现代国际关系》,2003 年第 5 期。
[100] 赖茂生,等:《内容产业的含义和分类研究》,《数字图书馆论坛》,2006 年第 2 期。
[101] 张京成,刘光宇:《创意产业的特点及两种存在方式》,《北京社会科学》,2007 年第 4 期。
[102] 金元浦:《文化创意产业相关概念研究》,http://info. prin-

ting. hc360. com.

[103] 张曦:《文化创意产业的内涵和分类》,《首钢日报(电子版)》,2007年5月15日,http://www.shougang.com.cn/shougangdaily/4729/2007-05-17_15097.html.

[104] 刘蔚:《文化产业集群的形成机理研究》,暨南大学博士学位论文,2007年。

[105] 曾光,张小青:《创意产业集群的特点及其发展战略》,《科技管理研究》,2009年第6期。

[106] 盈利:《创意产业集群网络结构研究》,北京交通大学硕士学位论文,2008年。

[107] 肖雁飞:《创意产业区发展的经济空间动力机制和创新模式研究》,华东师范大学博士学位论文,2007年。

[108] 褚劲风:《创意产业集聚空间组织研究》,上海人民出版社,2009年。

[109] 陶永宏:《基于共生理论的船舶产业集群形成机理与发展演变研究》,南京理工大学博士学位论文,2005年。

[110] 王宏起,王雪原:《基于高新技术产业集群生命周期的科技计划支持策略》,《科研管理》,2008年第3期。

[111] 贾明江:《企业集群演化的行为特征研究》,西南交通大学博士学位论文,2006年。

[112] 董晓慧,赵韩:《基于生命周期的企业集群价值网稳定性分析》,《价值工程》,2009年第7期。

[113] 刘承平:《数学建模方法》,高等教育出版社,2002年。

[114] 苗东升:《论复杂性》,《自然辩证法通讯》,2000年第6期。

[115] 成思危:《复杂性科学探索论文集》,民主与建设出版社,1999年。

[116] 许国志:《系统科学》,上海科技教育出版社,2000年。

[117] 吕挺琳:《自组织视角下文化产业集群的优越性与演进》,《经济经纬》,2008年第6期。

[118] 叶金国，等：《产业系统自组织演化的条件、机制与过程》，《石家庄铁道学院学报》，2003 年第 2 期。

[119] 张东风：《基于复杂性理论的企业集群成长与创新系统研究》，天津大学博士学位论文，2005 年。

[120] 任新建：《企业竞合行为选择与绩效的关系研究》，复旦大学博士学位论文，2006 年。

[121] 成桂芳，宁宣熙：《虚拟企业知识协作自组织过程机理研究》，《科技进步与对策》，2007 年第 4 期。

[122] 魏江：《产业集群：创新系统和学习范式》，浙江省自然科学基金结题报告，2002 年。

[123] 魏江：《产业集群学习机制多层解析》，《中国软科学》，2004 年第 1 期。

[124] 王长峰，杨蕙馨：《企业集群中知识溢出的途径分析》，《商业研究》，2009 年第 1 期。

[125] 冯玲：《我国高技术成果商品化过程中新企业衍生的微观机制研究》，《科研管理》，2001 年第 2 期。

[126] 成伟，王安正：《基于产业集群知识网络的研究》，《全国商情》，2006 年第 8 期。

[127] 李丹，俞竹超，樊治平：《知识网络的构建过程分析》，《科学学研究》，2002 年第 6 期。

[128] 万幼清，王战平：《基于知识网络的产业集群知识扩散研究》，《科技进步与对策》，2007 年第 2 期。

[129] 陈力，鲁若愚：《企业知识整合研究》，《科研管理》，2003 年第 3 期。

[130] 赵修卫：《组织学习与知识整合》，《科研管理》，2003 年第 3 期。

[131] Nonaka. The knowledgc creating company . Harvard Business Review, 1991.

[132] 马宏建，芮明杰：《知识管理策略与知识创造》，《科研管理》，

2007 年第 1 期。

[133] 王发明:《创意产业集群化:基于知识的结构性整合分析》,《科技与经济》,2009 年第 1 期。

[134] Jouhtio M. Co-evolution of industry and its institutional environment. Working Paper of the Institute of Strategy and International Business in Helsinki University of Technology,2006.

[135] 黄凯南:《共同演化理论研究评述》,《中国地质大学学报(社会科学版)》,2008 年第 4 期。

[136] 李大元,项保华:《组织与环境共同演化理论研究述评》,《外国经济与管理》,2007 年第 11 期。

[137] Lewin A Y, Volberda H W. Prolegomena on co-evolution: a framework for research on strategy and new organizational forms. Organization Science, 1999,5.

[138] Baum J A C , Singh J V. Evolutionary dynamics of organizations, Oxford University Press, 1994.

[139] Florida R. The rise of creative class. Basic Books,2003.

[140] Hearn G, Cunningham K S, Ordonez D. Commercialisation of knowledge in universities:the case of the creative industries. Prometheus,2004,7.

[141] 王志成,谢佩洪,陈继祥:《城市发展创意产业的影响因素分析及实证研究》,《中国工业经济》,2007 年第 8 期。

[142] 王洁:《产业集聚理论与应用的研究——创意产业聚集影响因素的研究》,同济大学博士学位论文, 2007 年。

[143] 蒋雁,吴克烈:《基于因子分析的创意产业区影响因素模型研究》,《上海经济研究》,2009 年第 1 期。

[144] 王宇红,贺瑶:《创意产业发展的知识产权保护体系研究——以西安创意产业为例》,《中国科技论坛》,2009 年第 5 期。

[145] 盛辉:《知识产权保护与技术创新的双向作用机制》,《科技管

理研究》,2009年第4期。

[146] 胡娜:《论现阶段创意产业对接风险投资中的问题》,《江淮论坛》,2008年第1期。

[147] 田慧:《政府在文化创意产业集聚过程中的作用》,上海交通大学硕士学位论文,2008年。

[148] [美]迈克尔·波特:《竞争论》,高登第,李明轩译,中信出版社,2003年。

[149] Cohen W, Levinthal D. Absorptive capacity: a new perspective on learning and innovation. Administrative Science Quarterly, 1990, 35(1).

[150] 陈柳,刘志彪:《人力资本型员工的创业行为与产业集聚生成机制》,《产业经济评论》,2008年第3期。

[151] 王发明:《创意产业园区的网络式创新能力及其集体学习机制》,《科技与经济》,2009年第3期。

[152] 刘寿吉,戴伟辉,周缨:《创意产业的生态群落模式及专业性公共服务平台研究》,《科技进步与对策》,2009年第17期。

[153] 厉无畏,王慧敏:《创意产业新论》,东方出版中心,2009年。

[154] 顾作义,颜永树:《广东文化创意产业现状及发展思路》,《学术研究》,2009年第2期。

[155] 王宝发:《张江"动漫谷"展开新蓝图》,《浦东开发》,2008年第9期。

[156] 李怀祖:《管理研究方法论》,西安交通大学出版社,2004年。

[157] 周晓宏,郭文静:《探索性因子分析与验证性因子分析异同比较》,《科技和产业》,2008年第9期。

[158] 吴俐萍:《创意产业发展的政策支撑体系研究》,《科技进步与对策》,2006年第11期。

后 记

本书是在我博士学位论文的基础上修改而成的。在本书即将付梓之际，我首先要向我的导师孙学玉教授致以最诚挚的谢意！

同时我也要衷心感谢我的博士学位论文辅导教师庄晋财教授。庄教授是我国区域经济、“三农”问题领域的知名学者，有着严谨的学术精神、极高的学术涵养和诲人不倦的师者风范，而且学术成就丰硕。庄教授执着钻研学术的精神令我深深敬佩，我将会以庄教授为榜样，在今后的学术道路上努力前行。

我同样要感谢江苏大学管理学院梅强教授、路正南教授、施国洪教授、刘秋生教授、李光久教授以及财经学院的陈丽珍教授、孔玉生教授和赵喜仓教授给予我的指导和建议。

另外我还要感谢江苏大学财经学院的王伏虎老师、陈海波老师、陈银飞老师对我的帮助。尤其是王老师对于我的多次求教不厌其烦，为我学习使用 SPSS 统计软件包提供了诸多支持。

自进入江苏科技大学公共管理学院工作以来，学院院长姚允柱教授、书记周春燕教授、副院长王国金教授、副院长洪波教授以及公共管理系主任吴雨才副教授对我的工作都给予了极大的关心和支持，姚院长更是为本书的出版提供了大力支持，在此一并表示最衷心的感谢！

本书的出版还得到了江苏大学出版社社长李锦飞教授的大力支持，在此向李教授表示诚挚的谢意！另外，出版社米小鸽老师、朱汇慧老师以及顾正彤老师为本书的出版付出了辛勤的劳动，在此向你们道一声辛苦了！

最后，我要特别感谢我的父母！他们为我完成学业营造了一个舒适、安静的环境，并包揽所有家务让我安心学习。他们的理解和支持是我前进的动力之源，希望他们能健康快乐！

毛　磊

2013年6月于镇江香江花城寓所